U0017289

通靈者之夢

康德著・李明輝譯

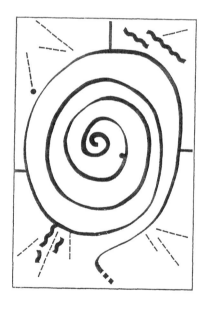

聯經經典

Träume eines Geistersehers, erläutert durch Träume der Metaphysik

Immanuel Kant

本書依據普魯士王室學術院所編的《康德全集》(Kants Gesammelte Schriften) 譯出。

作者簡介

伊曼努埃‧康德(Immanuel Kant)，1724年生於東普魯士底科尼希貝爾格(Königsberg)，1804年逝世於該城。他於1740年就讀科尼希貝爾格大學，1746年至1755年迫於生計而中止學業，擔任家庭教師。1755年他在柯尼希貝爾格大學完成學業後，留校任教，直到1797年因年老力衰，始停止授課。在哲學方面，他繼承啓蒙哲學底傳統，綜合歐陸理性論及英國經驗論，形成批判哲學，開啓從菲希特到黑格爾的德國理念論；就其原創力及影響力而言，洵爲近代西方哲學家之第一人。其主要著作有《純粹理性批判》、《實踐理性批判》、《判斷力批判》、《道德底形上學之基礎》、《道德底形上學》、《單在理性界限內的宗教》等。

譯者簡介

李明輝，民國42年生於臺北市。政治大學哲學系畢業，其後取得臺灣大學哲學研究所碩士學位。民國71年獲得西德「德國學術交流總署」(DAAD) 獎學金，赴西德波昂 (Bonn) 大學進修，民國75年取得該校哲學博士學位。返國後曾在臺灣大學哲學系擔任客座副教授，現爲中國文化大學哲學系專任副教授。其專長爲康德哲學、儒家哲學及倫理學。主要著作爲《康德倫理學發展中的道德情感問題》(德文)，譯作有包姆嘉特納底《康德純粹理性批判導讀》，其他論著及譯作散見各期刊。

凡例

一、在德文本中為強調而疏排者，中譯本以方體字排出。

二、譯者所加的註釋一概冠以「譯者註」或「譯者按」，否則即為康德之原註。

三、邊頁上所附的號碼代表普魯士王室學術院版《康德全集》之頁碼。

四、「人名索引」及「概念索引」均依據中譯本之頁碼而編。

五、譯者之補充概以〔 〕表示之。

六、為求譯文之嚴謹起見，譯者依1910及20年代之習慣，將「的」字用作形容詞詞尾，而以「底」字作為所有格語助詞，以「地」字作為副詞詞尾；有時亦用「之」字作為所有格語助詞，義同「底」字。但所有格代名詞（如「你的」、「我的」）用「的」字，而不用「底」字。

目　次

康德的《通靈者之夢》在其早期
哲學發展中的意義與地位

李明輝

一

德國哲學家康德（Immanuel Kant, 1724-1804）底《以形上學之夢來闡釋的通靈者之夢》（*Träume eines Geistersehers, erläutert durch Träume der Metaphysik*，以下簡稱《通靈者之夢》）一書是部即興之作，其撰寫係由瑞典通靈者史威登堡（Emanuel Swedenborg，1688-1772）底神秘事蹟所直接促成。史威登堡原是知名的科學家及自然學家，曾發展出一套自然哲學。晚年他在經歷一場個人的宗教危機之後，逐漸走上神秘主義底道路。他自稱擁有一種特殊稟賦，能與靈界交通，並且傳出許多神秘事蹟。他寫了不少書來描述他在靈界中的所見所聞，其中最重要的是八冊的巨帙《天上的奧秘》（*Arcana coelestia*, London,1749-56）。在十八、十九世紀，他的信徒遍及瑞典、英國、德國、波蘭、瑞士及北美。

康德在一封於1763年8月10日寫給克諾布洛赫小姐（Charlotte

von Knobloch）的信① 中，詳細敘述了他對史威登堡及其神秘事蹟發生興趣的經過。根據這封信中所述，康德當時對史威登堡底一些神秘事蹟已有耳聞。他在信中轉述了其中兩則② 。後來他在《通靈者之夢》中又重述了這兩則故事③ 。史威登堡本人是有身分地位的人物，非一般江湖術士之流。康德在這封信中也提到：他的一位英國朋友在親自拜訪過史威登堡之後，認為史氏是「一個有理性、討人喜歡且坦誠的人」④ 。這樣一個人物底現身說法，似乎不能等閒視之。眾所周知，康德底形上學是以萊布尼茲（Gottfried Wilhelm Leibniz,1646-1716）、吳爾夫（Christian Wolff,1679-1754）一系底理性主義形上學為出發點，由於受到英國經驗主義底刺激，逐漸走出自己的道路。1755年康德在科尼希貝爾格（Königsberg）大學開始授課時，已對理性主義形上學底基礎有所懷疑，而苦思解決之道。因此，我們不難想像史威登堡底事蹟對當時的康德可能產生多大的吸引力。因為作為傳統特殊形上學之一的理性心理學旨在探討心靈（或靈魂）底本質及特性；如果史威登堡真有他所宣稱的特異稟賦，那麼，在傳統理性心理學中爭論不休的一些問題（尤

---

①此信見*Kants Gesammelte Schriften*（Akademieausgabe），Bd. 10, S. 43-48。至於康德寫此函的年代，其考證見Bd. 13, S. 20f.。

②同上，Bd. 10, S. 45-47。

③見"Träume eines Geistersehers, erläutert durch Träume der Metaphysik," *KGS*, Bd. 2, S. 355f.

④*KGS*, Bd. 10, S. 45.

其是靈魂不死底問題）豈非可以得到徹底的解決？

由這封信還可知道：康德曾拜託另一個英國商人帶了一封信給史威登堡，向他提出一些問題。史威登堡並未回信，但託人轉告康德說：他將在即將出版的下一部書中逐項答覆康德在信中所提出的問題⑤。康德便花了七英鎊（對當時收入不豐的康德而言，這是一筆不小的款項），買了一部《天上的奧秘》。但在讀過之後，他卻深覺受騙，於是便寫了這部《通靈者之夢》。此書係於1766年匿名出版，但其撰寫時間應在1765年⑥。在此書底前言中，康德詼諧地說明他寫此書的緣由：

> 他〔按：指康德自己〕帶著某種恥辱而承認：他如此天真地探究若干上述那類故事底真實性。他發現——像通常在我們毋須尋找之處一樣——他無所發現。而這點本身固然已是個充分理由去寫一本書；但還得加上那個曾多次逼使謙遜的作者寫書的因素，即認識或不認識的朋友之熱烈要求。此外，他已買了一部大書，而且更糟的是，還讀了它；而這分辛勞不當虛擲。於是現在便產生了這篇論文；而我們可自誇地說：它會依問題底性質完全滿足讀者，因為他將不了解最主要的部分，不相信另一部分，但嘲笑其餘部分。⑦

二

---

⑤同上。
⑥參閱 *KGS*, Bd. 2, S. 500f.
⑦"Träume," S. 318.

在康德底全部著作中，《通靈者之夢》一書底風格是獨一無二的。從書名中，我們已可看出強烈的諷刺意味：他將形上學家與通靈者相提並論。其筆調亦莊亦諧，類乎遊戲之作。讀者有時難免弄不清楚：那些話是正經的論述？那些話是幽默的諷刺？當時連對康德相知甚深的孟德爾頌（Moses Mendelssohn, 1729-1786）都對此書底風格感到困惑。他在評論此書時寫道：「用以撰寫這本小書的玩笑式的隱微涵義有時使讀者懷疑：康德先生是否要使形上學顯得可笑或使通靈顯得可信？⑧」然而，只要我們將此書擺在康德當時的哲學發展底背景中，便不難看出在其詼諧的筆調背後實有一項嚴肅的目的，即批判傳統的獨斷形上學（特別是理性心理學）。史威登堡底事蹟不過為這項批判提供了一個機緣而已。

如上所述，康德在50年代中葉已對傳統的理性主義形上學有所不滿；這證之於他在1755年所發表的論文〈形上學知識底基本原則之新釋〉（"Principiorum primorum cognitionis metaphysicae nova dilucidatio"）。從60年代起，由於英國經驗主義（尤其是休謨）底影響，他對傳統形上學的批判取得了一個新的視野。在1762、1763年之間，他共寫了四篇論文，在〈三段論式底四格之錯誤的煩瑣辨析〉（"Die falsche Spitzfindigkeit der vier syllogistischen Figuren"）一文中，他說明邏輯在哲學探討中的效用之有限性，藉此批評傳統形上學過分倚重邏輯的錯誤。在〈上帝存在底證明之唯一可能的論據〉（"Der einzig

---

⑧*Allgemeine deutsche Bibliothek*, IV, 2. St.（1767），S. 281.

mögliche Beweisgrund zu einer Demonstration des Daseins Gottes"）
一文中，他對傳統神學中證明上帝存在的三種論證——存有論
的、宇宙論的和自然神學的論證——都作了批判。在〈關於自
然神學與道德學底原理之明晰性的探討〉（"Untersuchung über
die Deutlichkeit der Grundsätze der natürlichen Theologie und
der Moral"）一文中，他說明數學知識與哲學知識（尤其是形上
學知識）底本質差異，並且強調：形上學知識不能只建立在概
念底分析上。在〈將負量底概念導入哲學中的嘗試〉（"Versuch
den Begriff der negativen Größe in die Weltweisheit einzuführen"）
一文中，他區別邏輯的對立與真實的對立，並且指出：我們無
法靠邏輯去說明真實的對立，因為真實的對立涉及因果關係。

在這四篇論文中共同隱含一項經驗主義原則：單由概念底
分析，憑邏輯法則，我們無法對實在界形成任何知識；這種知
識只能建立在經驗上。這項原則預設思想界與存在界之嚴格區
分。在康德看來，傳統形上學之所以爭論不休、毫無成果，便
是由於在有意無意間混淆了思想界與存在界，誤把邏輯關係當
作因果關係，把邏輯根據當作真實根據。特別是對於像上帝存
在、靈魂不死這類的問題，由於缺乏直接經驗，過去的形上學
家更是大逞其概念思辨之能事，各是其是，各非其非。如果史
威登堡所言不虛，這就表示：我們人類（至少其中一部分）對
靈界及其中的存有者可以有直接的經驗。這樣一來，理性心理
學便可以建立在經驗底基礎上，形上學底發展也必然大為改觀。
我們無法確知：康德原先是否多少相信有關史威登堡的傳言，
且基於這個緣故去蒐集其消息和著作？還是他根本就不相信這

類傳言,只是想藉這個例子來凸顯傳統形上學之謬悠無據?但無論如何,在康德接受了上述的經驗主義原則後,他便不能不正視人類直接與靈界交通的可能性(不論他是否承認這種可能性)。

因此,《通靈者之夢》在結構上分為兩部:第一部稱為「獨斷的」,第二部稱為「歷史的」。「歷史的」其實即意謂「經驗的」。第一部是順著傳統的獨斷形上學之思路去證明靈界底存在及靈魂之不死,結果顯示出這種證明之無據。第二部則依據史威登堡底證言去重構靈界底圖像,結果顯示出這種圖像之荒誕。以下筆者就分別概述這兩部底要旨。

三

如上所述,傳統形上學底論斷主要係建立在依邏輯法則所作的概念分析上,本來無法超出思想界而涉及存在界。但傳統的理性心理學卻對靈界底存在與性質有所論斷,這如何可能呢?唯一的辦法是利用概念底混淆形成詭辯。因此,康德一開始就指出:「高等學府中有條理的廢話往往只是一種默許,以可變的字義來規避一個難以解決的問題,因為在學院中難得聽到『我不知道』這句方便且多半合理的話。」[9] 為了揭穿這種意義上的混淆,他著手分析一般人(包括哲學家)在使用「神靈」(Geist)一詞時所賦予的內涵。他說:

[9]"Träume," S. 319.

我不知道是否有神靈；甚至我更未嘗知道**神靈**一詞意謂什麼。然而，既然我自己常使用它，或者聽到別人使用它，那麼此詞必然意謂某個東西，而不論這個東西是個幻影還是真實之物。為了揭開這種隱藏的意義，我將我不甚了解的概念置於一切應用底場合中；並且藉著注意它與什麼相合以及與什麼牴牾，我希望展現其隱含的意義。[⑩]

德文中的Geist一詞，除了「神靈」義之外，也意謂「精神」，因而具有歧義性。如果就其「精神」義而言，認識這樣的東西似乎不需要特殊的稟賦。因為依照一些哲學家底看法，「精神」是在人底內部擁有理性的部分，亦即賦予人以生命的部分[⑪]。但即使按照這個似乎最淺顯的意義來說，「精神」底概念仍然不易理解。我們通常只能對比於物質底特性來說明「精神」一詞底涵義，譬如說：它不填塞空間、可穿透、不可分、不受碰撞法則底支配等等[⑫]。但縱使我們承認這個概念底邏輯可能性，我們仍無法肯定其真實可能性。因為一個概念只要不包含邏輯的矛盾，就具有邏輯的可能性。但要肯定其真實可能性，還得對其對象底真實力量有所認識；而依照上述的經驗主義法則，這種知識只能求諸經驗。偏偏我們無法憑經驗表象認識精神這種非物質性存有者底活動和力量。縱使就它和物質（如人底軀體）間的關係而言，由於它不受碰撞法則底支配，它的活動和力量如何影響物質，亦非我們的經驗所能把握。這些問題實已

[⑩] "Träume," S. 320.

[⑪] "Träume," S. 319.

[⑫] "Träume," S. 320f.

超出人類知識底限度。在這個限度之外，人類理性可盡情馳騁其思辨能力，但決無法對這些問題提出決定性的答案。因此，康德說：「我們可假定非物質性存有者之可能性，而不虞遭到否定——儘管也無法期望以理性底根據證明這種可能性。」⑬

由於「精神」概念底這種思辨性質，它不虞遭到經驗底否定，因此一切祕密哲學在此均可自圓其說。但如果精神真的具有祕密哲學家所描述的那些特性，何以只有少數人能認識這些特性呢？面對這項質疑，這些哲學家仍可假定：對於精神，我們雖無直接的經驗，但可透過一種圖像化的表象間接認識它。康德替這些哲學家設想這種表象方式：

> ⋯⋯這類現象必然不是普通而尋常之物，而是只發生在某些人身上——他們的器官有一種異常大的敏感性，能藉和諧的運動依心靈底內在狀態強化幻想底圖像，使之超過通常在正常人身上所發生而且也應當發生者。這類不凡的人在某些時刻會被若干好像在他們之外的對象之出現所糾纏，而他們會認為這是精神性存有者底存在；這種存有者底存在影響他們的肉體感覺——儘管在此只產生想像底幻覺。但此種幻覺底原因卻是一種真正的精神感應；這種感應無法直接被感覺到，而是僅透過幻象底相近圖像（它們具有感覺底外貌）呈顯於意識。⑭

這類現象似乎即是靈異故事中通常所謂的「神靈」。Geist 一詞至此便在無形中轉換了其涵義。

---

⑬ "Träume," S. 323.

⑭ "Träume," S. 339f.

然而，除了「精神」概念底這種歧義性之外，祕密哲學還有一項更嚴重的弱點：既然其學說只建立在少數人底特異稟賦之上，則它缺乏一切哲學理論所要求的普遍性。對於這點，康德說：

> 亞里斯多德在某處說：當我們清醒時，我們有個共通的世界；但是當我們作夢時，每個人有他自己的世界。在我看來，我們或許可倒轉後面一句而說：當不同的人之中每個人有其自己的世界時，我們可推想他們在作夢。

在這段話中康德所引的應當是海拉克萊托斯（Herakleitos）底話⑯，他誤記為亞里斯多德底話。但無論如何，假使一個世界（不管我們稱之為精神世界還是靈界）只能為少數人所認識，其真實性便很可懷疑；對於有關這個世界的種種敘述，我們也沒有任何辦法去分辨：它們究竟是真理還是幻覺？因此，我們大可把史威登堡這類的通靈者視為「感覺底夢幻者」，以之與「理性底夢幻者」（獨斷的形上學家）相對比⑰。這兩種夢幻者之間有一項類似之處：形上學家可憑理性認識他人無法認識的對象，通靈者則可感覺到常人無法感覺的事物。依此觀點，康德對所謂「通靈」底現象提出一種可能的解釋：

> 由教育得來的概念，或甚至在其他情況下混進來的種種幻覺

⑮ "Träume," S. 342.

⑯ H. Diels/W. Kranz（Hgg.）, *Die Fragmente der Vorsokratiker*（Berlin 1974）, Bd. 1, S. 171, Fragment 89.

⑰ 參閱 "Träume," S. 342.

將在此發生作用，使迷惑與真理相混淆，而且雖然有一種實際的精神性感覺作為根據，但這種感覺已被變造成感性事物底影像。但我們也會承認：在此生中以這種方式將精神世界底印象開展成清楚的直觀的那種特質在此很難派得上用場；因為精神性感覺在此必然極吻合地被編入想像底幻影中，而使我們必無可能在此種感覺中將真實之物與環繞它的粗俗假象區別開來。此一狀態也顯示一種實際的疾病，因為它預設神經中一種已改變的平衡狀態，而這些神經甚至由於單單以精神方式去感覺的心靈底作用而陷於不自然的運動中。最後，若我們見到一個通靈者同時是個幻想家（至少就他這些幻象底伴隨圖像而言），這完全不足為異。因為在本性上不為人熟知、且與人底肉體狀態中的表象不相容的表象凸顯出來，並且將配置不當的圖像引入外在感覺中。狂亂的妄想和奇特的怪相由此被捏造出來；儘管它們可能有一種真實的精神感應為根據，它們仍在曳長的裙裾中迷惑受騙的感覺。⑱

康德在此把所謂「通靈」解釋成一種因實際的疾病而產生的幻覺，並非因為這種解釋方式比另一種解釋方式（承認通靈者見到真實的對象）在理論上有更大的強制力。因為單就其邏輯可能性而言，這兩種解釋方式實不分軒輊。他在這裡所使用的方法正是他在《純粹理性批判》（*Kritik der reinen Vernunft*）一書中所謂的「懷疑法」。這種方法「並非為了對一方或另一方作有利的裁決，而是為了探討：其爭論底對象是否可能只是個假象──每個人都徒然地追逐它，而且縱使它完全無所牴牾，

---

⑱"Träume," S. 340.

他們在它那裡仍無法得到任何東西」⑲。換言之，當我們運用懷疑法來反駁一項論點時，並不直接否定之，而是提出一項與之針鋒相對、且在理論上同樣可能的論點；其目的並非要證成反面的論點，而是要藉此凸顯出原先的提問方式之不恰當。因為如果在此所討論的對象超乎人類知識底界限，則原先的提問方式必然是基於一項未經批判的前提：人類可以認識這種對象。在這種情況下，正反雙方底論點當然都不會被駁倒，而形成他在《純粹理性批判》中所謂的「背反」（Antinomie）。因此，康德在這裡提出「通靈是因疾病而產生的幻覺」這種解釋，並非他真的要否定精神世界之存在及靈魂之不死，而只是想藉此凸顯出該項前提之不當。讀者之所以常覺得康德在《通靈者之夢》中的論點難以把握，與這種方法之運用大有關係。

在第二部中，康德摘述史威登堡底幻象及他對靈界的描述。康德顯示出這類描述之荒誕實不亞於形上學家底種種思辨性臆想。因此，他在第一部中以病態的幻覺來解釋通靈的觀點似乎也沒有理由不能用在史威登堡身上。是故，康德在評論史威登堡時寫道：「他的故事及其編纂事實上似乎源於**狂熱的直觀**，且很少使人懷疑：一種錯誤思考的理性之思辨性幻影已促使他虛構這些故事，且用它們來騙人。」⑳

---

⑲ *Kritik der reinen Vernunft*, hg. Raymund Schmidt（Hamburg 1976），A423f./B451；參閱A485f./B513f., A507/B535。（A =1781年第一版, B=1787年第二版）

⑳ "Träume," S. 360.

四

　　康德批判史威登堡的目的在於藉此凸顯出傳統的獨斷形上
學之虛妄，因為過去的形上學家誤以為單憑理性便可得到關於
實在界的知識。這些形上學家實不了解哲學（作為理性知識底
系統）底本質和限度。關於這點，康德寫道：

> 在原因與結果、實體與活動底關係中，哲學最初是用來解開
> 錯綜複雜的現象，並且將之化約為更單純的表象。但是當我
> 們終於得到這些基本關係時，哲學底工作便結束了。至於某
> 物如何能是一個原因或有一種力量，這決不可能靠理性去理
> 解；而是我們只能由經驗得到這些關係。因為我們的理性規
> 則僅涉及依據**同一性**與**矛盾**所作的比較。但倘若某物是一個
> 原因，則由於**某物**，**另一物**被設定，且因此，沒有任何聯結
> 能因一致性而產生；這如同當我不願把這同一物視為一個原
> 因時，決不產生一項矛盾，因為某物被設定時，揚棄另一物，
> 這不致自相矛盾。因此，作為原因的事物底基本概念（力量
> 與活動底基本概念）若非得自經驗，便是完全武斷的，而且
> 既無法被證明，也無法被否定。㉑

　　這是前面提到的經驗主義原則之最佳說明。既然形上學所
討論的對象（如靈魂底本性、上帝底存在等）均非經驗底對象，
則過去的形上學家試圖獲得這些對象底知識的努力注定不會有
結果。但是康德對形上學的批判並非要否定形上學；因此，儘
管他受到休謨底經驗主義之極大影響，但他並未像休謨一樣，

㉑“Träume,” S. 370.

成為懷疑論者。他只在方法論上運用懷疑，卻未主張懷疑論。後來他在《純粹理性批判》中也強調：懷疑法與懷疑論完全不同[22]。這點正顯示出：在康德哲學底整個發展過程中，即使在他受到休謨最大影響的階段，他和休謨底基本立場之間仍有極大的差異。

康德無意否定形上學；他詼諧地表示：「儘管我罕能自誇得到它的青睞，但我注定愛上了它。」[23] 但他又不能（也不願）走傳統形上學底老路。剩下的唯一出路便是重新規定形上學底任務。康德指出：我們可以用兩種方式去理解形上學底任務。從積極方面來說，形上學是要「解決探究之心藉理性去探索事物底隱祕性質時所提出的課題」[24]。傳統形上學已在這方面作過努力，但並未成功。因此，我們只能從消極方面去理解形上學底任務，即在於「了解：這項課題是否也由我們能夠知道的事物所決定？再者，這個問題與我們所有的判斷始終必須憑依的經驗概念間有何關係？[25]」在這個意義之下，形上學成了「一門關於**人類理性底界限**的學問」[26]。換言之，形上學不再是要認識超經驗事物底性質，而是要決定人類知識底限度；因此，它成了一門批判性的學問。康德認為：由這種意義底形上學所

---

[22] *KrV*, A424/B451.

[23] "Träume," S. 367.

[24] 同上。

[25] "Träume," S. 367f.

[26] "Träume," S. 368.

帶來的好處更合乎人類知性底本性[27]。

因此,作為一門特殊形上學的理性心理學或精神學(Pneuma-tologie)也只能有消極的功用。在《通靈者之夢》中,康德寫道:

> 關於精神性存有者的哲學學說……能夠完成,但只是就**消極**
> **的意義**而言;因為它明確地決定我們的洞識之界限,且使我
> 們相信:自然中的**生命**底各種現象及其法則是我們所能認識
> 的一切,而此生命底原則(亦即,我們並不認識、而是推想
> 的存有者)卻無法由正面被設想,因為在我們的全部感覺中
> 並無與此有關的材料。[28]

在這種情況下,如果哲學家硬要提出關於精神及精神世界
的知識,便只能運用一種偷樑換柱的伎倆:表面上假裝以先天
的(a priori)方式作理性的推論,暗地裡卻以後天的(a posteriori)
方式從經驗中擷取知識底材料。[29]當這些哲學家對「精神」概
念作理性分析時,他們可能暗中透過由教育或傳聞得來的經驗
概念(如「神靈」概念)為這個概念取得材料,從而賦予它知
識底意義。因此,其整個推論係建立在概念底歧義性上。

五

闡明了康德在《通靈者之夢》中賦予形上學的新意義之後,

---

[27]"Träume," S. 367.
[28]"Träume," S. 351f.
[29]參閱"Träume," S. 358f.

筆者將進而比較此書及《純粹理性批判》中的形上學觀點（尤
其在理性心理學底範圍內），以確定此書在康德哲學發展中的
地位。但為方便這項比較工作起見，筆者想先扼要敘述許慕克
（Josef Schmucker）在這個問題底範圍內所得到的重要結論。
一般研究康德哲學的人很容易理所當然地假定：《純粹理性批
判》中的〈先驗辯證論〉預設〈先驗感性論〉和〈先驗分析論
〉底結論。但是許慕克依發展史底線索否定了這項假設。因為
根據他的研究，康德到1769年（即所謂的「突變」之年）才發
現時間與空間底主觀性[30]，到1771、1772年之交才發現範疇底
主觀性。[31] 他又根據康德底書信和札記考證出：在60年代中葉
（即康德寫《通靈者之夢》時），康德已發現一些形上學的基
本概念——這些概念是「或然的」（problematisch），也就是
說，它們本身包含我們據以理解對象的主觀條件，但其客觀實
在性無法被肯定；它們也是辯證的（dialektisch），因為如果我
們把它們客觀化，便會形成一種知性底幻相，使得相互對立的
主張似乎都言之成理。[32] 這些概念包括「存有底絕對必然性」、

---

[30] 參閱Josef Schmucker, "Was entzündete in Kant das groß e
Licht von 1769?", *Archiv für Geschichte der Philosophie*, Bd.
58（1976）, S. 393-434.

[31] 參閱J. Schmucker, "Zur entwicklungsgeschichtlichen Bedeutung
der Inauguraldissertation von 1770", *Akten des 4. internationalen
Kant-Kongresses Mainz 1974（Kant-Studien*, 65. Jg. Sonder-
heft）, Teil 1, S. 281.

[32] 參閱J. Schmucker, "Kants kritischer Standpunkt zur Zeit der
Träume eines Geistersehers, im Verhältnis zu dem der Kritik

「物質底單純元素」和「無決定根據的活動」。㉝ 這種形上學概念即相當於《純粹理性批判》中所謂的「理念」(Idee)。因此,該書〈先驗辯證論〉中的基本學說(關於理念和背反的學說)此時在康德底思想中已經成形——完全無待於關於時間、空間及範疇的先驗學說!

筆者大體同意許慕克以上的推斷。但他似乎未注意到:康德在《通靈者之夢》中也暗示了形上學概念(在這裡指「精神實體」或「精神性存有者」底概念)底辯證性格。㉞ 我們從字裡行間可看出:康德並無意否定這個概念。例如,他在一處寫道:「我承認:我十分願意肯定非物質性存有者在世界中的存在,並且將我的心靈本身歸入這類存有者中。」㉟ 他在這裡插進一個註解,並且解釋道:

---

der reinen Vernunft," in: *Beiträge zur Kritik der reinen Vernunft*, hg. von I. Heidemann u. W. Ritzel(Berlin 1981), S. 1-36.

㉝*KGS*, Bd. 17, S. 273f., Refl. 3732。康德在另一處提到兩個這種概念,即「絕對必然者」和「絕對偶然者」(同上, S. 260, Refl. 3717);前者相當於「存有底絕對必然性」;後者譬如「自由的活動」,即相當於「無決定根據的活動」。此外,請參閱Schmucker, "Kants kritischer Standpunkt……," S. 9-14。

㉞許慕克總結在這個發展階段中《通靈者之夢》所包含的新觀點時,並未提到這點;請參閱Schmucker, "Kants kritischer Standpunkt……," S. 20。

㉟"Träume," S. 327.

在世界中包含一項**生命**原則者,似乎即具有非物質性。因為一切**生命**均是以依**意念**自我決定的內在能力為根據。反之,物質底基本特徵在於以一種必然的力量填塞空間,而這種力量為外在的反作用所限制。因此,一切物質性的事物底狀態均是外在地**依待的**且受到強制的;但可以**自行活動**且由其內在力量產生作用、因而包含生命底基礎的那些存有者——簡言之,即是其本身的意念能自行決定並改變自己的那些存有者——很難能夠具有物質性。㊱

由這段話我們可以推斷:康德所謂的「精神性存有者」即是具有自由活動底能力的實體,而上述的「無決定根據的活動」底概念可與「精神性存有者」底概念合起來,當作一個或然的形上學概念。這也可說明,何以康德正好提出三個形上學的基本概念。因為這三個概念正好配屬於三門特殊形上學:「存有底絕對必然性」屬於自然神學,「物質底單純元素」屬於理性宇宙論,「無決定根據的活動」則屬於理性心理學。這三個概念即相當於康德在〈先驗辯證論〉中所提出的三個先驗的理念:心靈、宇宙和上帝。

儘管康德在《通靈者之夢》與《純粹理性批判》二書中都把心靈實體當成一個理念,但是他討論心靈問題的方式並不盡相同。如上所述,康德在《通靈者之夢》中從兩方面批判傳統的理性心理學:一方面藉著分析「精神」底概念,指出其歧義性;另一方面運用懷疑法,凸顯傳統理性心理學底獨斷性格。

㊱ "Träume," S. 327 Anm.

但在《純粹理性批判》中，他把第一項策略當作整個〈先驗辯證論〉底基礎，以批判整個傳統形上學。因為照他的看法，過去的形上學家不了解上述的三大理念只是或然的概念，只是我們據以認識對象的主觀形式條件，誤以為它們指涉實在的對象；因此，整個傳統形上學係建立在這種幻相（或者說，概念底混淆）上。㊲

他在《純粹理性批判》中討論「純粹理性底誤推（Paralogismus）」時，指出傳統理性心理學所依據的推論基本上是一種「言語形式之詭辯」（sophisma figurae dictionis）。㊳ 這種詭辯在於將作為思想底形式條件的自我統覺與作為知識對象的心靈實體混為一談，以推論出心靈底實體性，再由此進一步推出心靈實體底其他特性（如單純性、人格性、非物質性、不朽性、不可壞性等）。他在《通靈者之夢》中雖未如此有系統地批判傳統理性心理學中的種種主張，但也使用了同樣的策略，即指出「精神性存有者」底概念之歧義性；它一方面可當作一個形上學的基本概念，因而只是個或然的概念；另一方面，它在通靈者口中及靈異故事中卻似乎指涉實在的對象。依他當時的看法，傳統的理性心理學即是建立在這種概念底混淆上。

至於他在《通靈者之夢》中所使用的第二項策略，他在《純粹理性批判》中論「純粹理性底誤推」時並未用來討論心理學的問題，而是在論「純粹理性底背反」時用來解決宇宙論的問題；而且在「精神性存有者」底概念中所包含的「意志自由」

㊲參閱*KrV*, A338f./B396f.

㊳*KrV*, A402 u. B411.

底問題，他放在第三個宇宙論的背反中來討論。關於「純粹理性底背反」的全部討論，基本上是懷疑法底運用。這種懷疑法屬於他在〈先驗方法論〉中所謂「純粹理性之爭辯的運用」。借用他自己的話來說：

> 所謂「純粹理性之爭辯的運用」，我在此意指：為純粹理性底命題辯護，以對抗對這些命題的獨斷否定。此處的問題並不在於：純粹理性底論斷是否也可能是虛假的，而只在於：決無人能以必然的確切性（甚至僅以較大的疑似性）肯定反面的論點。[39]

由此可知：純粹理性底這種運用並非在於肯定任何論點，而是在於形成正反論點底背反，以凸顯出其中所包含的幻相，即把此處所討論的對象誤認為知識底對象。

在〈先驗方法論〉中，康德甚至提到：這種方法也可運用到自然神學和理性心理學中，而形成背反。在自然神學中，「有一最高存有者存在」的有神論觀點與「無最高存有者存在」的無神論觀點形成背反；而在理性心理學中，「心靈具有絕對常住的統一性，因而有別於一切可消逝的物質統一性」的觀點與「心靈不是非物質性的統一性，且無法免於消逝」的觀點形成背反[40]。從知識底觀點來看，無論那一方底論點都無法否定對方底論點，雙方相持不下。但此時由於另一項因素之加入，卻可改變雙方論點底分量。康德寫道：

> 在此只要純粹理性在否定的一方能說出近乎一項論斷底理由

---

[39] *KrV*, A739f./B767f.

[40] *KrV*, A741/B769.

的道理,我們就會碰到一種真實的衝突;因為我們固然能同意對獨斷的肯定者底論據作批判,而不因此放棄這些命題;但這些命題至少受到理性底興趣之支持,而反對者完全無法訴諸這種興趣。㊶

這裡所謂「理性底興趣」其實是指其實踐的興趣。由於理性對於上述的正面觀點(上帝底存在與靈魂之不死)有實踐的興趣,因此加重了其分量。但這種結果並非就知識上說,而是就信仰上說;由此形成康德所謂的「理性信仰」或「道德信仰」。㊷

六

在《通靈者之夢》中也有一段話,包含關於「理性底實踐興趣」的思想(儘管他未提出這個概念)。康德在該書第一部第四章中總結其探討底成果時,用一個比喻來說明正確運用理性的方法:如果我們想知道一個秤是否合乎標準,最簡易的辦法是把置放商品和砝碼的秤皿調換。同樣的,若要保證我的理性底正確運用,只消「我將自己置於在我之外的他人底理性之地位上,而從他人底觀點去看我的判斷以及其最隱祕的成因」。㊸但接著他寫道:

我未發現任何一種執著或者是一種未經檢查即滋生的愛好從

㊶同上。

㊷參閱 *Krv*, A828f./B856f.

㊸"Träume," S. 349.

我的心中奪去對一切正反理由的依從性，只除開一種執著。知性之秤本非完全公平，其載有「**未來之期望**」的題詞的桿臂具有一種機械上的有利條件；其結果連落入此桿臂一端底秤皿的輕微理由都使得在另一端本身較重的思辨向上翹。這是我無法輕易消除的唯一不正，而且事實上我也決不想消除之。現在我承認：一切有關死去靈魂底出現或神靈感應的故事、以及一切關於精神性存有者底可能本性及它與我們之間的聯結的理論，唯有在期望底秤皿中有顯著重量；反之，在思辨底秤皿中，它們好像純由空氣所組成。[44]

所謂「未來之期望」即是對靈魂不死或來生的期望。康德在早期（至少在《通靈者之夢》中）並未嚴格區別「理性」（Vernunft）和「知性」（Verstand）二詞，甚至往往混用，因此所謂「知性之秤」實即理性之秤。理性對於「靈魂不死」之說有一種無法消除的偏好，這豈不正是其實踐的興趣？在思辨上，肯定靈魂不死及精神世界底存在的一方與其對立的一方相持不下，任何一方都無法駁倒對方。但理性之實踐興趣卻加重了正方觀點底分量，使我們能在信仰上（而非知識上）肯定靈魂之不死。

這種建立在實踐興趣上的信仰即是康德在《純粹理性批判》中所謂的「道德信仰」。在《通靈者之夢》一書底結尾有一段很重要的文字，充分顯示康德此時對這個問題的看法：

> 學問底虛榮喜歡以重要性為藉口，為其工作辯護；而且在此一般人也宣稱：對於靈魂底精神本性的理性洞識是對死後的

---

[44] "Träume," S. 349f.

存在的信仰所亟需的，而後者卻是一種有德的生活底動機所亟需的。但無聊的好奇心加以補充：死去靈魂底顯現之真實性甚至能給這一切事物一種訴諸經驗的證明。然而，真正的智慧是純真底伴隨者；而且既然在真正的智慧中，心為知性提供規範，這種智慧往往使博學底龐大裝備成為多餘，且其目的不需要這類工具（它們決非所有人均能掌握）。怎麼說呢？難道只因為有個來世，「有德」才是善的嗎？還是毋寧因為行為本身是善而有德的，它們才在將來得到報償呢？人心豈非包含直接的道德規範，而我們為了使人在此世按照其本分而活動，必須在另一個世界發動機關嗎？有一種人只要不受到未來的懲罰所威脅，便寧願屈從於他所嗜好的罪惡；這種人可算是正直嗎？可算是有德嗎？我們豈非更應說：他雖然不敢作惡，但其心靈卻懷有邪惡的存心；而他喜好類乎德行的行為之好處，但卻憎惡行為本身？而且事實上經驗也證明：極多被教以來世且相信來世的人卻耽於罪惡和卑劣，只知盤算以奸詐方式規避未來的威脅性報應的手段。但是，從來沒有一個正直的人能夠忍受「一切事物均隨著死亡而終結」這個想法，且其高貴的存心不奮而期望於未來。因此，將對於來世的期望建立在一個善良的人底感覺上，似乎比反過來將其良好品行建立在對於另一個世界的期望上，更合乎人性和道德底純粹性。**道德的信仰**也是如此；其純真可以免除一些詭辯底繁瑣辨析，並且只有這種信仰適合於在所有狀態中的人，因為它把人直接引到其真正的目的上。[45]

這段話中有些問題需要進一步的解釋。首先，許慕克指出：

---

[45] "Träume," S. 372f.

這裡所謂「道德的信仰」只是指對上帝存在的信仰而言[46]。從上下文看來，我們的確只能如此解釋；但康德在《純粹理性批判》中所謂的「道德信仰」卻包括對靈魂不死的信仰。無論如何，他在這兩部書中的立場是一致的，即反對以對上帝存在和靈魂不死的信仰作為道德的動機，但不反對把這種信仰建立在道德的存心上。因為既然這種信仰在思辨上無法證明，我們以之為道德動機，即是將道德建立在不穩的基礎上。再者，這等於將義務底必然性建立在目的與手段底關係上，使義務成為有條件的；這違反道德底本質。但是，根據道德的存心去肯定上帝存在及靈魂不死是另一回事，這無損於道德底絕對性；而且既然我們的理性對這兩者具有實踐的興趣，則這也合乎人性底傾向。

然而，問題是：康德在這裡一則說「心為知性提供規範」，再則說要「將對來世的期望建立在一個善良的人底感覺上」，似乎不以理性（或者說知性）為道德法則底制定者。然則，這種實踐的興趣還能說是理性底興趣嗎？筆者前面的解釋是否有問題呢？要解答這個疑問，甚至要徹底了解這段引文底涵義，我們都得對康德倫理學在60年代的發展過程有個通盤的了解。對於康德倫理學在這個階段中的發展過程，許慕克在其大著《康德倫理學在其先批判期著作及隨思中的根源》（*Die Ursprünge*

---

[46] J. Schmucker, *Die Ursprünge der Etkik Kants in seinen vorkritischen Schriften und Reflektionen*（Meisenheim/Glan 1961）, S. 159f.

der Ethik Kants in seinen vorkritischen Schriften und Reflektionen）
中已有極深入而詳盡的說明。要了解早期康德倫理學底發展者，
決不可略過這部著作。但在一些關鍵點上，許慕克底解釋大有
問題。筆者在以德文撰寫的博士論文《康德倫理學底發展中的
道德情感問題》（*Das Problem des moralischen Gefühls in der
Entwicklung der Kantischen Ethik*）中對他的解釋作了不少修正。
以下筆者就本文底討論所涉及的範圍，依筆者論文底研究成果，
極簡要地概述康德倫理學在這個階段中的發展過程。

七

　　康德倫理學底發展係以吳爾夫所代表的理性主義倫理學為
起點。康德在其求學時代已對這套倫理學非常熟悉。吳爾夫從
萊布尼茲底形上學借用「圓滿性」（Vollkommenheit; perfectio）
底概念作為最高的道德原則。但這個概念是個純形式的概念，
其本身不包含任何內容；因此，我們如何根據它來決定具體的
義務，就成了個問題。為了解決這個問題，吳爾夫引進了「目
的」底概念，依手段與目的底關係來理解行為底圓滿性。換言
之，人類行為底圓滿性在於它能達到一個普遍的目的，即「人
底本質和本性」[47]。但這樣一來，所有的道德行為至多具有工

---

[47]Christian Wolff, *Vernünftige Gedanken von der Menschen Thun
　　und Lassen. zu Beförderung ihrer Glückseligkeit*（Frankfurt
　　u. Leipzig 1733）, § 2.

具價值，而無內在價值；而這與道德底絕對性（無條件性）相牴牾。因此，吳爾夫面臨一個兩難之局：或者他得承認「圓滿性」底原則不足以充分決定具體的義務，或者他得否定道德底絕對性，而使其「圓滿性」底原則與道德底本質相牴牾。這項難題使康德必須超越理性主義倫理學，另謀解決之道。

大約在60年代初，康德接觸了英國哲學家謝甫茲伯利（A. A. C. Shaftesbury, 1671-1713）、赫其森（Francis Hutcheson, 1694-1747）和休謨底道德感學說，深受其影響；其中赫其森底影響尤大。赫其森等人以「道德感」(moral sense)或「道德情感」(moral feeling; moral sentiment)作為義務底「踐履原則」(principium executionis)和「判斷原則」(principium dijudicationis)，可避免依手段和目的底關係來理解道德之善，從而保住道德底絕對性。因此康德在1762年完成的〈關於自然神學與道德學底原理之明晰性的探討〉一文中，把吳爾夫底「圓滿性」概念中所包含的兩項道德原則視為義務底形式原則，而把道德情感視為義務底實質原則[48]；其調停理性主義倫理學和道德感學說的用心至為明顯。因此，在道德判斷中，理性和情感共同決定具體的義務。這個觀點同時預設了道德原則與道德情感間的本質關聯，大異於他日後將道德情感僅視為我們對道德法則的意識之附隨現象。如果我們將他在理性主義影響下的倫理學思想列爲其倫理學發展底第一期，則60年代以後，其倫理學發展因受到英國道德感學派底影響而進入了第二期。

---

[48] *KGS*, Bd. 2, S. 299f.

根據許慕克底考證，康德在1763年10月到次年2月之間讀了
盧梭底《愛彌兒》和《社會契約論》，大受影響[49]。筆者根據
這點，將此後康德倫理學底發展列為第三期，直到68、69年之
交為止。《通靈者之夢》正屬於這個發展階段。盧梭對當時康
德底倫理學思想的影響主要表現在四方面：首先，盧梭極力反
對啟蒙運動中過分強調理性（而且只是工具意義的理性）的道
德觀，轉而強調情感和良心在道德活動中的作用。就這點而言，
盧梭與赫其森對康德的影響是一致的。其次，盧梭底文化哲學
中自然狀態與文明狀態底概念框架提供康德一項分析人性的方
法。第三，盧梭底倫理學特別強調「同情」，康德因此把「設
身處地」底規則當作一項有助於道德判斷的「啟發性工具」
（medium hevristicum）[50]。第四，盧梭底《社會契約論》中
「共同意志」及「共和國」底概念提供康德一個構思精神世界
的模式；這點直接牽涉到《通靈者之夢》，以下筆者會作進一
步的說明。正如在第二個階段中一樣，現在康德仍然把道德判
斷歸諸理性和情感底共同作用。

　　根據筆者底考證，康德在68、69年之交發現了一項新的形
式原則，等於他日後所謂的「定言令式」（kategorischer Imperativ）
[51]。他認為：理性憑這項原則，可以充分決定具體的義務；因

---

[49]Schmucker, *Die Ursprünge der Ethik Kants*……, S. 142.

[50]"Bemerkungen zu den Beobachtungen über das Gefühl des
Schönen und Erhabenen", *KGS*, Bd. 20, S. 156.

[51]參閱Ming-huei Lee, *Das Problem des moralischen Gefühls in
der Entwicklung der Kantischen Ethik*（Diss. Bonn 1987），
S. 111-113.

此，在道德判斷中，理性可以完全取代道德情感底作用。這樣一來，道德情感不再是義務底判斷原則，而只是其踐履原則（動機）。此後康德始終堅持這個基本立場。所以，由此時起直到他於1785年在其《道德底形上學之基礎》（*Grundlegung zur Metaphysik der Sitten*）一書中提出一套完整的倫理學系統為止，構成其早期倫理學發展底最後一期。他在1785年以後的倫理學思想則屬於其晚期倫理學。

八

在了解了康德撰寫《通靈者之夢》時其倫理學發展底背景之後，我們自然能理解他何以在該書底結尾說「心為知性提供規範」，又說要「將對來世的期望建立在一個善良的人底感覺上」。因為這顯然受到道德感學派及盧梭底情感倫理學之影響。而他說「真正的智慧是純真底伴隨者」，也顯然與盧梭「回歸自然」的呼籲有關。再者，由於他此時同時承認理性與情感在道德判斷中的作用，筆者將其「知性之秤」底偏曲解釋為理性底實踐興趣，也與這些話不相牴牾。因為他此時的倫理學觀點並不像其晚期的觀點一樣，預設一個情感與理性截然二分的人類學間架⑫。

在《通靈者之夢》中有一段直接討論倫理學問題的文字，

⑫參閱拙文，〈儒家與自律道德〉，《鵝湖學誌》第一期（1988年5月），頁9-15。

我們必須特別加以討論。這段文字出現於第一部第二章〈開啟與靈界間的交通的祕密哲學之斷簡〉中，是在討論過程中離開正題而插入的一個段落。康德在此章中首先順著獨斷形上學底思路去推斷「精神性存有者」底性質；但他也明白：這種推斷並不等於真正的知識。因此，他想到一個主意：「如果我們不單從一般而言的精神性存有者底概念（它根本是極端假設性的），而從某種普遍被承認的實際觀察能推斷精神世界底這一類有條理的狀態（如我們所設想的），或者甚至僅僅推測其可能性，這將是美妙之事。」[53] 接著，他便插入這段文字。首先，他寫道：

> 在鼓動人心的力量中，有若干最強大的力量似乎在人心之外；因此，這些力量決非僅作為手段而牽連到自利與私欲（作為**在**人本身**之內**的目標），而是它們使我們的激動底傾向將其輻輳點置於**我們以外**的其他有理性者之中。由此產生兩種力量底衝突，這兩種力量即自我性（它使一切以自己為轉移）和公益（它推動或牽引心靈趨向自己以外的其他人）。我不討論一種慾望——由於它，我們極強烈而普遍地執著於他人底判斷，並且把他人底同意和贊許視為完成我們對自己的判斷所亟需者。縱使由此偶爾會產生一種誤解的榮譽狂，但甚至在最無私且最真誠的性情中仍可察覺一種祕密的傾向，把我們自己認為是**善的**或**真的**事物與他人底判斷加以比較，以使兩者一致，同時在一切人類心靈似乎走上我們走過的道路以外的另一條小徑時，彷彿在認識之途上使它停住。這一切或許是我們自己的判斷對於**人類底普遍知性**的被感覺到的依待，並且成為一種手段，以使使思想的存有者底整體得到一

---

[53] "Träume," S. 333.

種理性底統一。⑤④

康德在這裡視為「普遍被承認的實際觀察」者是人心中的一種利他的衝動。在這種衝動中，他發現我們有一種傾向，即不論在道德判斷還是知識判斷中，都想得到他人底同意，亦即要求判斷底普遍有效性。根據這項事實，他提出一個形上學假設，即在普遍的知性（或理性）下一切思想的存有者底統一，亦即一個普遍的思想世界。

但他接著表示：他目前不想討論「這項在其他場合並非不重要的觀察」，而要訴諸另一項觀察；而「就其牽涉到我們的目的而言，這項觀察是更為明白而重要的」⑤⑤。然後他便開始討論這項觀察，據以建立另一個形上學假設。康德底這段文字頗長；但因其中涉及許多問題，為了討論底方便起見，我將全文引述於下：

> 如果我們使外物與我們的需要發生關係，則我們在這樣做的時候，無法不同時感到自己受到某一感覺底束縛和限制；這種感覺使我們發覺：在我們內部彷彿有一個外來的意志在發生作用，而且我們自己的願望需要以外在的同意為條件；一種祕密的力量迫使我們同時以他人底福祉為目標或依外來的意念決定目標（儘管我們往往不情願這麼做，而且這強烈地與自利的愛好相牴牾），且因此我們的慾望底方向線之輻輳點並非僅在我們之內，而是還有鼓動我們的力量在於我們以外的他人底意欲中。由此便產生常違逆自利之念而引動我們

---

⑤④ "Träume," S. 334.

⑤⑤ 同上。

的那些道德衝動，即強烈的義務法則和較弱的慈惠法則；這兩者均強使我們作若干犧牲，而且縱使它們偶爾被自利的愛好所壓制，但在人性中仍然不會不顯示出其真實性來。藉此我們發現自己在最隱密的動機中依待於**共同意志底規則**，且由此在所有思想的存有者底世界中，一種**道德的統一**與有條理的狀態純然依精神法則而產生。如果我們要把這種使我們的意志符合共同意志、而為我們所感覺到的強制稱為**道德情感**，則我們只是把它當作發生於我們之內的實際事物底現象來談論；而未確定其原因。所以**牛頓**把一切物質相互接近的傾向底確定法則稱為物質底**重力**，因為他不想使其數學的證明捲入關於重力底原因的可能的哲學爭論中而引起麻煩。但他仍然無所遲疑地把這種重力當作物質底相互的普遍活動之真實作用來討論，且因此又予它以**引力**之名。難道我們不可能把相互關聯的思想存有者中的道德衝動之現象同樣設想為一種真實活動的力量（精神性存有者藉此力量相互交流）之結果，而使道德情感成為個人意志對於共同意志的**被感覺到的依待**，且是自然而普遍的交互作用之結果；由此，非物質性世界依照其特有的關聯底法則形成一個具有精神圓滿性的系統，因而達到其道德的統一嗎？如果我們承認這些想法底可能性大到值得我們費力以結果去衡量它們，我們或許將會因其吸引力而不自覺地對它們有幾分偏袒。因為在此情況下，那些通常由於人在地球上的道德關係與自然關係底矛盾而令人極感奇怪的畸異似乎泰半消失了。行為底一切道德性決無法依自然底秩序在人底肉體生命中有其完全的效果，但能依精神法則在精神世界中有其完全的效果。真正的意圖、許多因無力而無成果的努力底祕密動機、自我超克、或者有時甚至在表面看來善良的行為中所隱藏的狡詐，泰半對於肉體狀態中的自然結果均徒勞無功。但是它們必須以此種方式在非

物質性世界中被視為有成效的根據，並且在這方面依照精神法則、根據個人意志與普遍意志底聯結(亦即精神世界底統一與整體)產生一種合於自由意念底道德特質的作用，或甚至相互接受這種作用。因為既然行為底道德因素涉及精神底內在狀態，它自然也只能在精神底直接交通中引起與全部道德性相稱的作用。由此會產生以下的情況：人底心靈在此生必然已根據道德狀態在宇宙底精神性實體中佔有其位置，如同宇宙諸物質依照運動法則彼此處於這種合於其物質力量的秩序中。如果心靈與有形世界間的交通最後因死亡而被廢止，則在另一個世界中的生命將只是該心靈在此生與有形世界間已有的聯結之自然延續；而且在此生所履行的道德底全部結果，將在彼世再度出現於一個與整個精神世界密切地交通的存有者早已在那裡依精神法則所產生的作用中。因此，現在與未來將彷彿出於一體，且形成一個持續的整體(甚至根據**自然秩序**)。後面這一種情況具有特殊的重要性。因為在一個純然基於理性底根據而作的臆測中，如果我們為了消除由於道德及其結果在此世中不完全的協調而產生的缺陷，必須托庇於上帝底一種非凡的意志，則這有一項極大的困難。因為不論依我們對於上帝智慧的概念，有關上帝意志的判斷是如何可能，永遠會有一種強烈的懷疑：或許我們的知性底薄弱概念非常不當地被套用在至高者上面，因為人底任務只是從他實際上在此世所知覺到、或者他能依類比規則按照自然秩序在此世所推想的調和去判斷上帝底意志；但他無權依照他自己的智慧底設計(他同時以之規定上帝底意志)在現世或來世編造新的任意安排。⑯

---

⑯ "Träume," S. 334-337.

在這整段文字中包含康德當時根據理性底實踐興趣所提出的一套形上學構想；這些構想若能成立，便可構成一套道德的形上學或實踐的形上學。正如在上一段引文中一樣，康德在此也根據一項「普遍被承認的實際觀察」提出一個形上學假設。這項實際觀察即是「使我們的意志合乎普遍意志、而為我們所感覺到的強制」，而這種強制顯現於我們的利他的道德衝動中，即「強烈的義務法則和較弱的慈惠法則」中。現在他把這種強制稱為「道德情感」，並且將它比擬為牛頓所謂的「重力」。這裡可明顯地見到赫其森底影響，因為赫其森也把普遍的仁愛比擬為重力原則[57]。但是康德在此將道德情感理解為「發生在我們之內的實際事物底現象」，卻非赫其森之原意。康德於64、65年之間在他自己私有的《關於柔美與剛美底情感的考察》（ *Beobachtungen über das Gefühl des Schönen und Erhabenen* ）一書底書頁中寫下了不少眉批。他在其中一則拉丁文的眉批中對道德情感提出兩種可能的解釋：我們可視之為「道德法則底祕密性質」，抑或一種「現象」。[58] 第一種解釋無疑是英國道德感學派底說法，因為他們把道德情感視為一種可認識道德法則的神祕稟賦；第二種解釋即是康德在《通靈者之夢》中所採取的解釋。[59] 康德後來將道德情感解釋為道德法則在心中產生

[57] F. Hutcheson, "An Inquiry into the Original of our Ideas of Beauty and Virtue", *Francis Hutcheson: Collected Works* （ Hildesheim 1971 ）, vol. 1, p. 198.

[58] "Bem. z. d. Beob.," S. 147.

[59] 參閱拙著 *Das Problem des moralischen Gefühls*……, S. 97f.

的附隨現象，其構想之形成可上溯至此時。

現在康德由這種當作現象看的道德情感，進而假設精神性存有者藉一種真實活動的力量所形成的交互作用；在這種交互作用中，精神性存有者依「共同意志底規則」形成一種道德的統一。如果這個假設能夠成立，豈非等於證明了傳統形上學所謂的「精神世界」或「智思世界」（mundus intelligibilis）之存在？由「共同意志底規則」一詞也顯示出盧梭底影響。康德在此顯然借用了盧梭在《社會契約論》中所構想的「共和國」底模式（而非內涵）。在盧梭所構想的「共和國」中，每個成員都有雙重身分：一方面，他與其他成員依「共同意志」構成主體權，而為立法者；另一方面，他是共和國底臣民，有義務服從法律。現在康德也依同樣的模式來構想人底雙重身分：一方面，人與其他的精神性存有者依「共同意志底規則」構成精神世界；另一方面，人屬於自然世界，必須服從自然秩序。當然，這種「雙重世界」說不一定僅承自盧梭；因為萊布尼茲也有「自然王國」與「恩寵王國」之分，康德必有所聞。不過，康德依「共同意志底規則」之概念來構想一個具有道德統一性的精神世界，必然是出於盧梭底啟發；而且這個概念已包含其日後以「自律」（Autonomie）為本質的「道德法則」底概念之根芽。

這個形上學的假設可由其解釋力得到進一步的支持，因為「在此情況下，那些通常由於人在地球上的道德關係與自然關係底矛盾而令人極感奇怪的畸異似乎泰半消失了」。這裡所謂「道德關係與自然關係底矛盾」即是指人在現世中的道德與幸福之不一致。對於我們的道德心而言，「善無善報，惡無惡報」

是不可忍受之事。而現在依康德底精神世界之假設，我們可期望心靈在死後之繼續存在，而在來世要求道德與幸福之一致。這也就是康德在《通靈者之夢》結尾所說的：「從來沒有一個正直的人能夠忍受『一切事物均隨著死亡而終結』這個想法，且其高貴的存心不奮而期望於未來。」因此，靈魂不死之說在信仰上（而非知識上）得到肯定。進一步而言，由於道德與幸福底一致得靠上帝來保證，故我們的道德心亦要求上帝之存在，此即他所謂「道德的信仰」。但是他反對由思辨之途肯定上帝底存在：「……在一個純然基於理性底根據而作的臆測中，如果我們為了消除由於道德及其結果在此世中不完全的協調而產生的缺陷，必須托庇於上帝底一種非凡的意志，則這有一項極大的困難。」康德後來在《實踐理性批判》底辯證論中以「最高善」為實踐理性底必然對象，要求道德與幸福之一致；並且由此肯定靈魂之不死與上帝底存在，作為「純粹實踐理性底設準（Postulat）」。在《純粹理性批判》中，他只承認「道德神學」，而反對「神學的道德學」[60]；前者是藉道德法則肯定上帝底存在，而後者是在思辨上肯定上帝底存在，以之作為道德法則底根據。這些思想底萌芽顯然均可上溯到《通靈者之夢》。

九

然而，當我們驚訝於《通靈者之夢》一書中所包含的哲學

---

[60] *KrV*, A632/B660 Anm.

構想如此接近康德晚期的哲學觀點之際,我們還得了解這些構想之限制。如上所述,康德在該書第一部第三章中,嘗試將通靈底現象解釋為因實際的疾病而引起的幻覺。在完成這種亦能自圓其說的考察之後,他接著表示:

> 由這些考察所產生的結果含有以下的不宜之處:它使得上一章中的深刻推斷成為完全多餘的,而且不論讀者多麼願意多少贊同其中的理想構思,仍然寧取那個在裁決時更方便且簡單、並且能期待更廣泛的贊同的概念。因為從經驗提供給我們的材料中取得說明底根據,較諸迷失於一種半虛構、半推論的理性之眩人的概念中,似乎更合乎理性的思考方式;除此之外,這後面的方式多少會引起嘲笑,而不管這種嘲笑有無道理,它均比其他手段為更有力的手段,去制止無用的探究。[61]

此所謂「上一章中的深刻推斷」,即是上文所引、由道德情感底現象去推斷精神世界及上帝底存在的那段話。由現在所引的這段話看來,他對這種推斷似乎有所保留。這種保留的態度也在該書第一部第四章中顯示出來。康德在該處說明了我們在思辨方面對於精神世界的無知後,接著寫道:

> 正是這種無知也使我不敢全然否定各種靈異故事中的一切真實性,但有一項雖奇怪卻常見的保留,即懷疑每個個別的故事,而對全部故事卻有幾分相信。讀者保有判斷底自由;但就我自己而言,至少第二章底理由之一側對我有足夠的分量,使我鄭重而不置可否地聆聽許多這類的奇異故事。然而,如果心已先有所偏,它決不乏辯解底理由,所以我不想進一步

---

[61] "Träume," S. 347f.

為這種思考方式辯護，來煩擾讀者。⑫

此所謂「第二章底理由」，也是指方才所提到的推斷。在這兩處，康德尚只是對這種推斷有所保留而已。但他在一封於1766年4月8日寫給孟德爾頌的信中，卻以不同的口氣談到這項嘗試性的推斷：

> …我將精神性存有者底實際的道德感應與普遍的重力相類比的這項嘗試，根本不是我的真正看法，而是一個例子，用來顯示：在缺乏材料時，我們能在哲學性虛構中前進多遠，以及，在這樣一項課題中，我們是何等必要去確定：此問題之解決需要什麼？再者，為解決此問題所必需的材料是否欠缺？⑬

我們如何解釋他這些不一致的說辭和態度呢？

如果筆者上述關於康德倫理學發展的說明無誤的話，這並不難解釋。因為根據筆者底研究成果，在康德倫理學發展底第三期中，他正尋求一個基於理性、又可充分決定具體義務的道德原則（相當於以後的「定言令式」），以取代道德情感在道德判斷中的作用。他希望能在理性底基礎上重建倫理學。但他並非要回到吳爾夫底理性主義倫理學，因為吳爾夫底「圓滿性」原則無法說明道德底本質（無條件性）。康德現在要尋找一項能說明道德底本質、又能具體應用的理性原則。但是他在寫《通靈者之夢》時，尚未發現這項原則，因此無法揚棄赫其森與盧梭底情感倫理學。上述不一致的說辭正反映出他徘徊於一套新的理性倫理學與原先帶折衷色彩的情感倫理學之間的矛盾態度。

---

⑫"Träume," S. 351.

⑬*KGS*, Bd. 10, S. 72.

但是許慕克對此有不同的解釋。他認為：在《通靈者之夢》中，康德已發現了這項理性原則，此即第一部第二章中所謂的「共同意志底規則」；而且這項規則足以承擔康德原先歸諸道德情感的判斷作用[64]。這項解釋大有問題，因為如果「共同意志底規則」即是康德所尋求的理性原則，何以他在此書底結尾仍說「心為知性提供規範」，並且將對來世的信仰建立在「感覺」上呢？此外，許慕克也不知道：《通靈者之夢》中所謂的「共同意志底規則」即是上文所提到的「設身處地」底規則[65]；這項規則只是一項「啟發性工具」，雖可幫助我們作道德判斷，卻非真正的道德原則。康德甚至明白地表示：使用這項原則的能力並非道德的，而是邏輯的[66]。亨利希（Dieter Henrich）也持與許慕克類似的看法。他認為：這個「設身處地」底規則已包含「定言令式」底概念內涵，所差者只是道德洞識之先驗的證立以及意志與道德情感間的關係之說明而已[67]。這是由於他誤解了在康德心目中「設身處地」底原則之意義，也由於他不明白康德在這個階段中的倫理學觀點。筆者承認：由於盧梭底

[64] 參閱Schmucker, *Die Ursprünge der Ethik Kants*……, S. 168f.

[65] 參閱拙著*Das Problem des moralischen Gefühls*……, S. 98f. u. 103f.

[66] "Praktische Philopophie Herder", *KGS*, Bd. 27. S. 58. 後來康德在《道德底形上學之基礎》中也否認這項原則可作為道德原則（*KGS*, Bd. 4, S. 430 Anm.）。

[67] Dieter Henrich, "Hutcheson und Kant", *Kant-Studien*, Bd. 49（1957）. S. 66.

啟發，在這個「共同意志底規則」中已包含康德日後構思「自律」原則的模式，但此時他並未把它當作一個可以完全取代道德情感的判斷原則，如上文所說，這個原則之發現係在1768、1769年之交。

最後，我們可以對《通靈者之夢》一書在康德早期哲學發展中的意義與地位作個總結：此書基本上已包含他在《純粹理性批判》一書底〈先驗辯證論〉中對傳統形上學所作的全面批判，並且指出思辨形上學底限度。由於這種認識，他試圖根據理性底實踐興趣去建立對上帝存在及靈魂不死的道德信仰。因此，康德此時已形成了《純粹理性批判》第二版〈前言〉中那句名言——我必須揚棄知識，以便為信仰取得地位⑱ ——所包含的哲學構想，以及《實踐理性批判》中關於「純粹實踐理性底設準」的基本思想，但是由於他在形上學方面尚未發現一切知識之主觀的形式條件（時間、空間和範疇），而在倫理學方面亦未發現足以說明道德底本質的理性原則（定言令式），因此其批判哲學底基本架構尚未確立。這使得《通靈者之夢》一書具有一種過渡性格，而這種性格也是該書難於理解的原因之一。

---

⑱ *KrV*, BXXX.

康德著作縮寫表

KGS= *Kants Gesammelte Schriften* (Akademieausgabe)

Träume= *Träume eines Geistersehers, erläutert durch Träume der Metaphysik.*

KrV= *Kritik der reinen Vernunft.*

Bem. z. d. Beob.= *Bemerkungen zu den Beobachtungen über das Gefühl des Schönen und Erhabenen.*

《以形上學之夢來闡釋的通靈者之夢》

幻想如同病人底夢幻，是虛構出來的。*

荷拉修斯

---

*譯者註：語出羅馬詩人荷拉修斯（Quintus Horatius Flaccus）底《論詩藝》（*De arte poetica*）："velut aegri somnia, vanae/Fingunter species."（v.7/8）

一個前言
（它在論述方面可望給與的極少）

　　冥界是幻想家底樂園。他們在此發現一片無涯的土地，可供他們任意定居。沈鬱的氣息、無稽之談和寺院底奇蹟使他們不乏建材。哲學家描繪其梗概，且又改變它，或者摒棄它，像他們常做的一樣。唯有神聖的羅馬在那裡擁有有用的領土。無形的王國底兩頂王冠支持第三頂王冠，作為其世俗的主權之脆弱的冠冕；而開啟彼世底兩扇門的鑰匙同時感應地打開現世底錢櫃。就靈界因政治策略底理由而得到證實而論，它的這類特權遠超過學者底一切無力的反對；而其運用或誤用本來就太令人敬畏，因而似乎毋須接受一項如此卑鄙的檢查。然而，通俗的故事為許多人所相信，至少未受到有力的反對；儘管它們並無溯自利益的證明（argumentum ab utili）以為支持（這種證明是所有證明中最具說服力的），何以它們到處傳布而未被人使用或未受到懲罰，甚且混入學說系統中呢？那位哲學家不曾在一個理性的且堅信的目擊者底保證與一種無法遏抑的懷疑底內在抗拒間顯露出我們所能想像的最幼稚的樣子呢？他應當完全否定所有這類的靈異現象之正確性嗎？他能提出何種理由來駁

斥它們呢？

他該甚至只承認一個這種故事底可能性嗎？縱使只有**一個**這類的事件能被假定為已證實的，這樣一種承認有何重要性呢？我們會見到何種令人驚訝的結果呢？或許還有第三種情形，即是根本不理這類冒失的或**無聊的**問題，而以**利益**為準。但由於這個打算是合理的，它總是為深刻的學者以多數票所否決。

既然對許多似乎多少有真實性的陳述毫無理由地**完全不**相信，正如對一般傳言不加檢驗地**全然**相信一樣，都是一種愚蠢的偏見，則本文作者為了避免第一種偏見，多少讓第二種偏見牽著走。他帶著某種恥辱而承認：他如此天真地探究若干上述那類故事底真實性。他發現——像通常在我們毋須尋找之處一樣——他一無所獲。而這點本身固然已是個充分的理由去寫一本書；但還得加上那個曾多次逼使謙遜的作者寫書的因素，即認識或不認識的朋友之熱烈要求。此外，他已買了一部大書，而且更糟的是，還讀了它；而這分辛勞不當虛擲。於是現在便產生了這篇論文；而我們可自誇地說：它會依問題底性質完全滿足讀者，因為他將不了解最主要的部分，不相信另一部分，但嘲笑其餘部分。

第一部
（它是獨斷的）

第一章
一個錯雜的形上學的結，我們可隨己意解開或者斬斷它

　　如果我們把學童所反覆誦讀、群眾所講述、以及哲學家所證明的所有神靈之事總括起來，似乎構成我們的知識底不小的部分。但我仍然敢斷言：如果某人想到要追問，我們相信在「**神靈**」（Geist）一詞中了解得如此多的東西究竟原來是個怎麼樣的東西，他會使這所有博學之士陷於最尷尬的困窘中。高等學府中有條理的廢話往往只是一種默許，以可變的字義來規避一個難以解決的問題，因為在學院中難得聽到「**我不知道**」這句方便且多半合理的話。某些較近的哲學家（他們願意別人這樣稱呼他們）極輕易地打發這個問題。他們說：一個神靈是個擁有理性的存有者。所以，見到神靈並非一種神奇的稟賦；因為誰見到人，即是見到擁有理性的存有者。然而——他們繼續說道——這個在人底內部擁有理性的存有者只是人底一個部分，而這個賦予人以生命的部分是個精神① 。好吧！在你們證明唯

────────────

①譯者註：德文中的Geist兼有「神靈」與「精神」之意。康德在上文指責學院中人「以可變的字義來規避一個難以解決的問題」，這裡便是個例子。以下譯者將依其實義將Geist譯為「神靈」或「精神」。

有一個精神性存有者能夠擁有理性之前，要留意：首先我了解
我對於一個精神性存有者必須形成怎樣一個概念。儘管這種自
欺拙劣到半開眼睛便可察覺，它卻有極易理解的根源。因為我
320
們早年為孩童時知道極多的東西，以後在晚年時我們確信對它
一無所知；而深思之士最後頂多成為其少時幻覺之詭辯者。

　　因此，我不知道是否有神靈；甚至我更未嘗知道「**神靈**」
一詞意謂什麼。然而，既然我自己常使用它，或者聽到別人使
用它，那麼此詞必然意謂某個東西，不論這個東西是個幻影還
是真實之物。為了揭開這種隱藏的意義，我將我不甚了解的概
念置於一切應用底場合中；並且藉著注意它與什麼相合以及與
什麼牴牾，我希望展現其隱含的意義②。

---

②如果「神靈」底概念是由我們自己的經驗概念抽取出來，那
　麼彰顯這個概念的程序便很容易，因為我們只消指出感覺在
　這類存有者中呈現給我們的那些特徵（藉著這些特徵，我們
　將這類存有者與物質性的事物區別開來）。但是如今縱使我
　們懷疑到底是否有這類存有者，我們仍談論神靈。因此，我
　們不能把精神性存有者底概念當作一個由經驗抽出的概念來
　討論。但你們會問：如果不靠抽象而來，我們到底如何得到
　這個概念呢？則我回答道：許多概念是在經驗底機緣中靠祕
　密而隱晦的推論產生的，然後又傳播給他人，而無該經驗本
　身或者其推論（它建立關於該經驗的概念）底意識。這種概
　念我們可稱之為**剽竊**的概念。許多概念屬於此類，其中一部
　分只是想像底幻覺，也有一部分是真實的，因為即使隱晦的
　推論亦非永遠錯誤。若一個語詞與不同的故事結合起來，而
　在這些故事中始終可見到同一個主要特徵，則語言底運用與
　這種結合賦予該語詞一個確定的意義；因此，這個意義只能

　譬如，有個一立方呎的空間，並且假設：有某物充塞此空間，也就是說，抗拒其他一切事物之進入，那麼沒有人會將以這種方式存在於空間中的這個存有者稱為**精神的**。它顯然會稱作**物質的**，因為它是擴延的、穿不透的，並且像一切物體一樣，具有可分性且受制於碰撞底法則。到此為止，我們仍在其他哲學家所開拓的軌道上。但請你們設想一個單純的存有者，且同時賦予它以理性；那麼，這會剛好符合「**精神**」一詞底意義嗎？為了弄清這件事，我願讓上述的單純存有者擁有理性作為一種 321 **內在**性質，但目前只在**外在**關係中考察它。而現在我問：如果我想將這個單純的實體放進那個充滿物質的一立方呎的空間中，那麼，物質底一個單純要素就必須騰出位置，好讓這個精神填滿該位置嗎？你們認為對嗎？那很好！這樣一來，上述的空間為了接納第二個精神，就必須失去第二個基本粒子；而且如果我們繼續下去，最後，一立方呎的空間會被精神所填滿；而精神底團塊就像該空間充滿物質時一樣，以不可穿透性抗拒外物，且像物質一樣，必須適合於碰撞底法則。但是如今，雖然這類實體本身可能擁有理性底力量，但在外部與物質底要素仍然完全沒有區別；而在物質底要素中，我們甚至僅認識其外部存在之力量，而完全不知道屬於其內在性質的東西。因此，毫無疑問，這樣一種能聚合成團塊的單純實體不會稱作精神性存有者。

　用以下的方式來展現：我們將該語詞與所有應用底場合（它們與該語詞一致或牴牾）相比較，以便將這個隱藏的意義從其隱晦中抉發出來。

所以，唯有在你們想到甚至在一個充滿物質的空間中都能存在的存有者時，你們才能保留精神底概念③；因此，這種存有者本身不具有不可穿透性底性質，而且許多這種存有者（不論有多少）聯合起來，決不構成一個堅實的整體。這類的單純存有者將被稱為非物質性存有者，而如果它們擁有理性的話，將被稱為精神。但如果單純實體底組合產生一個穿不透且擴延的整體，這些實體便稱作物質性單位，而其整體便稱作物質。若非「精神」一名是個無意義的字眼，就是其意義即如以上所述。

³²² 從對「精神」概念底內涵的說明進而達到以下命題：這種存有者是真實的，甚至只是可能的；這其間仍有極大的距離。我們在哲學家底著作④ 中發現可信賴的極佳證明：一切思考者必須均是單純的；每一個以理性思考的實體均是自然底一個單位；不可分的自我無法在一個整體中分配於許多相互結合的事物。因此，我的心靈是個單純的實體。但是從這項證明我們仍

---

③人們在此很容易察覺到：我只談到作為宇宙全體底部分的精神，而未談到作為宇宙全體底創造者和維持者的無限精神。蓋後者底精神本性之概念很簡單，因為它只是消極的，且在於：我們在這個概念中否定物質底諸性質，這些性質與一個絕對必然的無限實體相牴牾。反之，在一個應與物質相結合的精神實體（例如人類底心靈）卻出現了以下的困難：我應當設想這個精神實體與有形的存有者相互聯結成一個整體，但卻捨棄我們所知的唯一的結合方式（它發生於物質性存有者之中）。

④譯者註：參閱J. G. Darjes, *Elementa metaphysices*, "Psychologia rationalis", §4及A. G. Baumgarten, *Metaphysica*, §742 ff.

無法確定：我的心靈是否屬於一種在空間中統合成一個擴延的且穿不透的整體之物，亦即為物質的？抑或它是非物質的，因而為一個精神？甚至，我們稱為**精神性**存有者的這樣一種存有者是否為可能的？

　　而在此我不得不警告那些極易在最深奧、最隱晦的問題中闖入的草率決定。因為凡屬於普通的經驗概念者，我們通常把它看成好像我們也理解其可能性。反之，對於與經驗概念不同、且無法透過經驗（甚至依據類比）去理解之物，我們當然無法形成概念，且因此我們通常寧願立刻視之為不可能而否定之。所有物質在其存在底空間中都抗拒他物，且因此稱為穿不透的。我們由經驗得知這個事實，並且這個經驗底抽象也在我們心中產生物質底普遍概念。但某物在其存在底空間中所形成的這種抗拒固然以這種方式被**認識**，卻並不因此而被**理解**。因為這種抗拒就像所有抵拒一個活動的事物一樣，是一種真實的力量，而且既然其方向與**接近**底延長線所朝向的方向相反，則它是一種**排拒**底力量；這種力量必須歸諸物質，且因此也歸諸其要素。如今每個有理性的人會立刻承認：人類底理解在此達到極限。因為唯有透過經驗，我們才能認識到：我們所稱的**物質**世界中的事物具有這樣一種力量；但我們決無法理解此種力量底可能性。現在如果我假定另一種存在於空間中的實體，它們不具有那種產生不可穿透性的**推動**力，而具有其他力量，那麼我當然決無法具體地設想其活動（它與我們的經驗表象並無類似之處）。而且當我從這些實體除去**填塞**其作用所及的空間的這種性質時，我失去一個通常使我能設想在我感覺中的事物的概念，且由此

323

必然產生一種不可思議性。

　　因此，我們可假定非物質性存有者之可能性，而不虞遭到否定——儘管也無法期望以理性底根據證明這種可能性。此種精神性存有者將存在於空間中，而此空間仍然始終可為有形的存有者所穿透；因為此種精神性存有者之存在固然在空間中具有一種**作用**，但卻不**填塞**空間，亦即不具有一種抗拒（作為堅實性底根據）。如今，如果我們假定這樣一種**單純的**精神實體，則儘管它具有不可分割性，我們仍可說：其直接的存在之位置並非一個點，而是本身為一個空間。因為借用類比來說，連物體底單純要素都必然填滿物體中的每個小空間（它是此物體底全部擴延之一個成比例的部分），因為點決非空間底部分，而是其界限。既然此種精神實體之填塞空間係藉著一種作用力（排拒）而然，且因此僅顯示能動的主體之更大活動底一個範圍，而非此主體底組成部分之眾多，則其填塞空間與其單純本性決無牴牾——儘管這種可能性的確無法進一步去說明（這在原因和結果底基本關係中決無可能）。同樣的，如果我聲稱：一個精神實體雖是單純的，卻仍**佔有**一個空間（亦即，能在其中直接活動），而不**填滿**它（亦即，在其中抗拒物質實體），此時雖然此事本身仍無法理解，但至少並無可證明的不可能性會阻止我。這樣一種非物質性實體也不能稱為擴延的，正如物質底單位一樣；因為唯有與一切東西分開而**獨自**存在、且佔有一個空間之物是**擴延的**。然而，作為物質底要素的實體唯有藉著對其他實體的**外在**作用而佔有一個空間；但如果沒有其他事物被認為與這些實體相聯結，而且在它們自身中也找不到彼此分別

324

存在之物，則它們並不單獨包含任何空間。這道理適用於物體
底要素，也將適用於精神性存有者。擴延底界限決定形狀。因
此，在精神性存有者中，我們無法設想任何形狀。這些即是宇
宙整體中非物質性存有者底推想的可能性之根據，而這些根據
很難理解。誰擁有更簡易的辦法能使人理解這些根據，就不應
拒絕教導一個渴望受教的人——在研究底進程中，當他人在眼
前看到一條平坦而舒緩的小徑（他們正行走其上或自以為行走
其上）時，此人往往看到阿爾卑斯山聳立於前。

　　現在假定：我們已證明，人底心靈是一個精神（儘管由前
面所說的可以知道：從未有人作過這樣一種證明），則我們會
提出的下一個問題或許會是：這個人類心靈在有形世界中的位
置何在？我會回答道：若一個物體底變化是**我的**變化，則此物
體即是**我的**軀體，而其位置同時也是**我的**位置。如果我們繼續
問道：你（的心靈）在這個軀體中的**位置**究竟何在？我會推想
在這個問題中有棘手之處。因為我們很容易看出：在這個問題
中已預設了某樣事物，它無法由經驗去認識，而或許是基於想
像的推論；此即：我的「思想我」是在一個位置中，這個位置
與**屬**於我的自我的軀體底其他部分之位置不同。但是沒有人直
接意識到其軀體中的一個特殊位置，而是意識到他作為人、就
其周遭的世界而言所佔有的位置。因此，我會以通常經驗為依
據，而暫時說道：凡我感覺之處，**我即存在**。我直接存在於指
尖裡，正如存在於腦袋裡一樣。腳跟感到疼痛且心臟在情緒中
鼓動的，是我自己。當我的雞眼疼痛時，我並非在一腦神經、
而是在我的腳趾尖感到痛苦的印象。沒有經驗教我把我的感覺

底若干部分視為遠離於我，而把我不可分的自我閉鎖在腦中一

325 個要用顯微鏡才能看到的微小位置中，以便由此使我的身體機
器之槓桿活動，或使自己由此途徑被觸及。因此，我會要求一
個嚴格的證明，以顯示學校教師所說的話之荒謬，此話即是：
我的心靈遍於整個軀體，而且遍於軀體底每個部分⑤。健全的
知性往往在了解他能藉以證明或闡明一項真理的根據之前，覺
察到這項真理。如果有人說：我以這種方式把心靈想成有擴延
性、且透過整個軀體而擴散，約略像我們在**圖繪世界**⑥中為孩
童所描繪的心靈一樣，那麼這項反駁也不會使我完全迷惑。因
為我會說：心靈之直接存在於整個空間只證明其外在作用底範
圍，卻未證明其內在部分之眾多，因而也未證明擴延或形狀；
唯當一個空間**單獨**存在於一個存有者中，亦即，我們可見到彼
此分開存在的部分時，擴延和形狀才會出現。以此方式，我可
除去以上的障礙。結果，我若非對我的心靈底精神性質只知道
這一點點，就是甚至滿足於對此一無所知（如果我們不贊同這
一點知識的話）。

　　如果有人要非議這個思想之不可思議性或者——對多數人
而言，這是一回事——不可能性，那麼我甚至可容許他這麼做。

---

⑤譯者註：參閱J. G. Darjes, *Elementa metaphysices*, "Psychologia
rationalis", §103；康德底引文見於 Corolla I："Totam animam
in toto corpore omnibusque partibus corporis organicis
praesentem esse."

⑥譯者註：指柯梅紐斯（Johannes Amos Comenius）於1658
年首度編纂的插圖課本*Orbis pictus*。

這麼一來，我會匍匐在這些智者腳下，以便聆聽其高論：人底
心靈位於腦中，而腦中一個小得無以名狀的位置即其所在⑦。

---

⑦我們見到一些負傷底例子，由於負傷，有人失去了大半個腦，
卻未喪失其生命或思想。依照我在此所引述的通常想法，我
們可把人底腦中的一個原子取走或移開，而使他在一瞬間死
亡。流行的看法在腦中為心靈指定一個位置；這主要似乎由
於：我們在強力思索時明確地感覺到腦神經緊張起來。然而，
如果這項推論正確的話，這也將證明心靈還有其他的位置。
在憂懼或喜悅時，這些感覺似乎位於心中。許多情緒（甚至
大部分情緒）在橫膈膜表現得最強烈。同情使內臟激動，而
其他本能則在其他器官顯示其來源和敏感性。我們相信主要
是在腦中感覺到**思慮的心靈**，而使我們如此相信的原因或許
如下：一切思索均需要所要激發的觀念底**記號**為中介，以便
在其伴隨和支持下予這些觀念以所需的明晰程度。但是我們
的表象底記號主要是若非透過聽覺就是透過視覺而得到的記
號。這兩種感覺均由腦中的印象所引發，因為它們的器官也
最接近這個部位。現在，如果這些記號（笛卡爾稱之為「實
質觀念」）之激發根本是刺激神經產生一種與過去感覺所產
生的運動相類似的運動，則腦部組織在思慮時尤其將被迫配
合從前的印象而震動，並且因之而感到疲勞。因為如果思想
同時具有情緒，則我們不單是感覺到腦部底緊張，而是同時
感覺到敏感部位之衝擊（這些部位通常與處於激情中的心靈
底表象有交感）。

〔譯者按：「實質觀念」（ideae materiales）一詞見Chr. Wolff,
Psychologia rationalis, §§ 102 ff. 及 F. C. Baumeister,
Philosophia definitiva, ed. III, S. 181；笛卡爾論「實質觀念」，
參閱其*Passiones animae,* I, art. 23 ff., 35, 42.〕

326 心靈在那裡感覺，如蜘蛛居於其網之中心。腦神經衝擊或動搖
心靈，但因此產生以下的結果：並非這個直接印象，而是在軀
體底極遠部位所產生的印象被呈現為一個存在於腦部以外的對
象。心靈也從這個位置引動整個機器底繩索與槓桿，並且任意
引起任何運動。這類命題只能非常淺薄地被證明，或甚至完全
無法被證明，而且由於心靈底本性根本未充分地被認識，這類
命題也只能同樣無力地被反駁。因此，我不會參與學院中的爭
論，在這種爭論中，通常雙方在他們對其題材全無了解時，卻
有最多道理可說。但我只要探究這一類學說能為我導出的結論。
因此，依據這些被推薦給我的命題，我的心靈就其在空間中的
存在方式而言，無以異於物質底一切要素；而知性底力量是一
種內在的性質，儘管此性質見諸物質底一切要素中，我卻無法
在這些要素中知覺到它。然則，我們提不出任何恰當的理由來
說明：何以我的心靈不是構成物質的諸實體之一呢？又何以其
特殊現象並非僅僅起源於它在一具精巧的機器（如動物底軀體）
中所佔的位置，而在此諸神經底結合有利於思考與意念底內在
能力呢？但這樣一來，我們再也不會確切認識心靈底任何獨特
327 的特徵，足以把心靈與有形物之未加工的原料區別開來；而萊
布尼茲開玩笑地想到：我們也許在咖啡中嚥下構成人類生命的
原子⑧，這不再是個可笑的想法了。但是在此情況下，這個「思
想我」不受制於物質性存有者底共通命運，而且既然它偶然地

⑧譯者註：參閱M. G. Hansche, *Godefridi Guilelmi Leibnitii*
Principia philosophiae more geometrico demostrata（Frankfurt
u. Leipzig 1728）, p. 135。

由一切要素底混沌中產生，以便賦予一具動物性機器以生命，何以在這種偶然的結合終止之後，它不會在將來也復歸於混沌呢？有時我們有必要用結論威嚇誤入歧途的思想家，以使他更注意到彷彿在睡夢中把他引走的原理。

我承認：我十分願意肯定非物質性存有者在世界中的存在，並且將我的心靈本身歸入這類存有者中⑨。但這樣一來，一個精神與一個軀體間的交通豈非變得神祕莫測？而既然我們對外在行為的概念得自物質底概念，並且始終與壓迫和碰撞底條件相結合，而這些條件並不存在於精神與軀體間的交通中，則此種不可思議性豈非也是自然的？因為一個非物質性的實體如何能阻礙物質，而使物質在運動時碰撞到一個精神呢？而有形之物又如何能對一個不以不可穿透性抗拒它們的異物產生作用呢？

---

⑨此其理由（它對我而言非常難解，而且或許將始終如此）同時涉及動物中的感覺者。在世界中包含一**生命**原則者，似乎即具有非物質性。因為一切**生命**均是以依**意念**（Willkür）自我決定的內在能力為根據。反之，物質底基本特徵在於以一種必然的力量填塞空間，而這種力量為外在的反作用所限制。因此，一切物質性的事物底狀態均是外在地**依待的**且**受到強制的**；但可以自行活動且由其內在力量產生作用、因而包含生命底基礎的那些存有者——簡言之，即是其本身的意念能自行決定並改變自己的那些存有者——很難能夠具有物質性。我們無法合理地要求：一個這類不明的存有者（我們多半只以假設的方式認識它）可以在其各種類底畫分中被理解；至少包含動物生命底基礎的那些非物質性存有者，有別於那些在其自我活動中包含理性且被稱為「精神」的存有者。

328 或者，是什麼因素使這些有形之物得以同時存在於此異物所在的同一個空間中呢？一個精神性存有者似乎存在於物質底最深處，而與之相結合，並且不作用於那些使諸元素相互發生關係的力量，而是作用於這些元素底狀態之內在原則。因為每個實體，甚至物質底一個單純元素，必須有某一種內在活動作為外在作用底根據——雖然我無法指出這種內在活動何在[10]。在另一方面，心靈也能靠這類原理在這些作為結果的內在決定中直觀地認識作為其原因的宇宙狀態。但一個精神與一個軀體是由於何種必然性而合為一體呢？而在某些毀滅底情況中，是什麼原因使得這種統一再度廢止呢？這些問題連同其他各種問題遠超乎我們的理解。不論我平常多麼怯於在自然底奧祕中去測度我的知性能力，我仍然有充分的自信，不怕任何有多可怕裝備的對手（如果我一向有若干好爭論的傾向的話），以便在此情況下嘗試以反對理由**駁斥**他；而在學者之中，這種嘗試根本是一種相互證明對方無知的技巧。

---

[10]萊布尼茲說：該單純元素底一切外在關係及其變化之此種內在根據是一種**表象力**，而以後的哲學家對此未完成的思想報之以嘲笑。但如果他們自己事先考慮過，一個像物質底單純部分一樣的實體若無任何內在狀態是否可能，他們會做得更好。而如果他們並不想排除這種內在狀態，他們便有義務想出表象及依待於表象的活動之內在狀態以外的任何一種其他可能的內在狀態來。每個人都會自行看出：縱使我們承認物質底單純要素具有一種暗濁表象底能力，由此仍然不會使物質本身具有表象力，因為許多這類的實體結合成一個整體，卻決無法構成一個思想的統一體。

第二章

開啓與靈界間的交通的秘密哲學之斷簡

　　秘密宗教底入門者已使其粗鄙而執著於外在感覺的知性習慣於高級而抽象的概念；且如今他能在朦朧中看見脫去有形外衣的精神性形象，而在這種朦朧中，形上學底微弱之光使幻影王國昭然可見。因此，在克服了困難的預備工作之後，我們要大膽地步上險途。

　　　　　他們在靜夜底幽黯中行經陰影，
　　　　　且經過冥王底空宅與虛幻王國。

　　　　　　　　　　　　　　　維吉利伍斯

　　充塞宇宙的**無生命的**物質就其真正本性而言，是處於慣性中，且維持在同一狀態中。它們具有堅實性、擴延和形狀，而其基於這一切根據的現象可有一種**物理學的**說明；這種說明同

---

①譯者註：語出羅馬詩人維吉利伍斯（Publius Vergilius Maro）底史詩《艾內伊斯》（*Aeneis*, VI, 268/69）。

時是數學的,而合起來又被稱為**機械學的**。在另一方面,如果我們轉而注意那種包含宇宙整體中的**生命**底基礎的存有者——因此之故,這種存有者並非使無生命的物質底團塊和擴延有所增加的成素,也不依接觸與碰撞底法則受到物質底影響,而毋寧是藉著內在活動使自己以及自然之無生命的素材活動——,我們將會相信非物質性存有者底存在(如果不具證明底明確性的話,至少有一種熟練的知性底預感);這種存有者底特殊的作用法則被稱為**精神的**(pneumatisch),而倘使有形物是其法則在物質世界中的作用之中介因,這些法則便被稱為**有機的**。既然這些非物質性存有者是主動原則,因而是實體與自存者,則我們首先會得到以下的結果:它們彼此直接聯合起來,或許會構成一個大整體,而我們可稱之為非物質性世界(智思世界——

330 mundus intelligibilis)。因為我們有何理由聲稱以下情形是可能的:這類彼此相似的存有者只能藉著其他具有不同特質的存有者(有形物)相互交通(既然後者比前者更加難解得多)?

因此,這個**非物質性**世界可被看成一個獨立存在的整體,其部分縱使無有形物底中介,仍然相互聯結與交通。是以,透過有形物而成立的關係是偶然的,而且只能為若干部分所有;甚至不論這種關係見於何處,仍無礙於這些藉著物質底中介相互發生作用的非物質性存有者在這個關係之外,仍有一種特別的普遍結合,且永遠作為非物質性存有者而交互影響。因之,它們藉著物質而有的關係只是偶然的,且基於上帝底一項特別安排;反之,其直接關係是自然的且無法解開的。

於是,由於我們以此方式將整個自然中的一切生命原則當

作同數的無形實體（它們彼此交通，但也有一部分與物質相結合）而統合起來，我們設想非物質性世界底一個大整體；這是一個由存有者和活動者組成的巨大而不明的階序，唯有它賦予有形世界之無生命的素材以生命。但是，生命擴展到自然底那個部分呢？生命底何等程度最鄰近全然的無生命呢？這些問題或許決無可能確切地去決定。**萬物有生論**（Hylozoismus）讓一切都有生命；反之，**唯物論**若經過仔細考慮的話，會殺死一切。摩培爾杜伊[2] 將最低程度的生命歸諸一切動物之有機的營養分子；其他哲學家在這些分子中只見到無生命的團塊，這些團塊只用來擴大動物性機器底槓桿裝置。在我們的外感所及的事物中，生命底可靠特徵或許是自由的運動；這種運動在此顯示：它起源於意念。然而，如果說：在此特徵未出現之處，亦無絲毫生命存在，這項推論並不可靠。波爾哈維在一處[3] 說道：**動物是一種植物，其根在胃中**（內側）。另一個人或許也能同樣不受指責地玩弄這些概念而說道：**植物是一種動物，其胃在根中**（外側）。因此，植物也能夠不具有隨意運動底器官，連帶地也不具有生命底外在特徵；這些事物對於動物卻是必要的，因為一個在自身之內擁有其營養器官的存有者自己必須能依其

331

②譯者註：Pierre Moreau de Maupertuis, 1698-1759，法國物理學家及數學家。

③譯者註：Hermann Boerhaave, 1668-1738，荷蘭醫學家、植物學家及化學家。康德底引文見其*Elementa chemiae*（1732），vol. 1, S. 64:"alimenta plantarum radicibus externis, animalium internis, hauriunter."

需要而運動。但是當一個存有者底營養器官外在地埋藏於其維生底要素中時，則外在力量已足以維持其生存；而且，縱使這個存有者含有植物中的一項內在生命底原則，卻不需要有機組織以從事外在的隨意活動。我不需要這其中的任何想法作為論據，因為除了我能夠提出極少理由來支持這類臆測之外，它們還是塵封而過時的奇怪想法，為時尚底嘲笑所反對。因為古人認為能假定三類生命：**植物的、動物的**和**理性的**。當他們把這些生命底三種非物質性原則在人類之內結合起來時，他們可能錯了。但是當他們將這些原則分配給三類成長且產生其同類的生物時，他們的確談到某種無法證明、但不因此為荒謬之事；特別是在那些人底判斷中——他們要考慮從若干動物分離出來的部分之特殊生命、一個動物軀體及若干植物底纖維之已經證明、但同時也無法說明的性質（即刺激感受性），以及最後是珊瑚蟲及其他似植物的動物與植物間的近似性。此外，訴諸非物質性原則是懶惰哲學底避難所，且因此我們也須盡可能避免這種調調的說明方式，以使宇宙現象底原因（它們以純物質底運動法則為依據，並且也是唯一可理解的）全幅被認識。但我仍然相信：**許達爾**④（他喜歡以有機的方式來說明動物底變化）往往比**賀夫曼**⑤、波爾哈維等人接近真理；後面這些人不考慮非物質性的力量，而訴諸機械原因，且在此採行一種更有哲學

---

④譯者註：Georg Ernst Stahl, 1660-1734，德國醫學家及化學家，曾為普魯士國王御醫。

⑤譯者註：Friedrich Hofmann, 1660-1742，德國醫學家，曾為普魯士國王御醫。

性的方法；這種方法雖然偶會失誤，但多半合用，而且甚至只有它能在科學中發揮功用。但在另一方面，我們對於無形體的存有者底影響最多只能知道其存在，卻無法知道它如何發生，以及其作用及於多遠。

因此這樣一來，非物質性世界首先包含一切受造的智性體 332（它們之中有些與物質結合成一個人，有些則不然），此外也包含在一切種類的動物中的感覺主體，最後包含一切生命原則，而不論它們在自然中還存在於別的什麼地方——儘管這種生命並不由隨意運動底外在特徵顯現出來。我說：這一切非物質性存有者（不論它們在有形世界中有無影響）以及一切偶然成為動物的有理性者（不論它們存在於地球上還是其他星球上，也不論它們目前還是未來、或者從前賦予物質底素材以生命）將根據這些概念，依其本性相互交通。這種交通並不依賴那些限制物體底關係的條件，而此時地點與年代底距離（這種距離在有形世界中構成取消一切交通的鴻溝）消失了。因此，人類底心靈就在此生必須被視為同時與兩個世界相聯結；而在這兩個世界中，只要它與一個軀體結合成人格的統一體，便只清楚地感覺到物質性世界。在另一方面，它作為精神世界底一個成員，接受且給予非物質性存有者底純粹感應，因而一旦它與軀體間的結合終止後，便只贍下它與精神性存有者間永遠保有的交通，且其意識對於這種交通必有清楚的直觀⑥。

始終使用理性底謹慎語言，實在是個麻煩。何以我不可以 333

---

⑥如果有人說天國是極樂淨土，那麼通常的想法寧願將它高高

也用學院式的語調發言呢？這種語調是更為決然的，且使作者
和讀者免於思索，這種思索遲早必定使他們陷於不愉快的猶豫
不決。因此，我們幾乎已證明，或者我們能輕易證明（如果我
們要詳細表達的話），或者更恰當地說，我們將來會證明（我
不知在何時何地）：即使在此生，人類心靈也與精神世界底一
切非物質性存有者在無法分開的聯結中相互交通，而對這些存
有者發生作用，且由它們接受印象；但是只要一切妥當，心靈
（作為人）就不會意識到它們。在另一方面，以下的情形也是
可能的：精神性存有者對於有形世界無法直接具有有意識的感
覺，因為它們不與物質底部分結合成一個人，因而無法藉著物
質底部分意識到它們在整個物質世界中的位置，且藉著精巧的
器官意識到擴延物與它們自己及擴延物彼此間的關係；然而它
們能進入人類底心靈（作為有同樣性質的存有者）中，且實際

置於上方，在無可測度的宇宙中。但是他沒考慮到：從這些
地區看來，我們的地球也顯現為天上的星球之一；而且其他
世界底居民也能以同樣正當的理由指著我們說道：看那永恆
的喜樂之居所與神之所在地，它準備有一天要接納我們！因
為一個奇特的幻覺使希望底高飛始終與上升底概念相結合，
而未考慮到：不管我們上升到多高，仍得再度下降，以便必
要時在另一個世界站穩腳步。但依照上述的概念，天國根本
是精神世界，或者是其極樂地（如果我們想這麼說的話）；
而且我們既不能在上方，也不能在下方找尋精神世界，因為
我們不能依其距離有形物的遠近，而只能依其**部分**彼此間的
精神性聯結設想這樣一種非物質性的整體——至少其成員僅
依這種關係意識到自己。

上也永遠與之相互交通；但在傳達表象時，心靈（作為依待於有形世界的存有者）本身所含有的表象無法傳給其他精神性存有者，而這些精神性存有者底概念（作為對於非物質性事物的直觀表象）無法傳給人底清明意識（至少就這些概念底真正特質而言），因為這兩種觀念底材料屬於不同的種類。

　　如果我們不單從一般而言的精神性存有者底概念（它根本是極端假設性的），而從某種普遍被承認的實際觀察能推斷精神世界底這一類有條理的狀態（如我們所設想的），或者甚至僅僅推測其可能性，這將是美妙之事。因此，我請讀者諒解，而膽敢在此插入這一類嘗試；這種嘗試固然有點離開正題，而且距離明顯性也夠遠，但似乎仍然引起並不使人討厭的臆測。 334

＊　　　＊　　　＊

　　在鼓動人心的力量中，有若干最強大的力量似乎在人心之外；因此，這些力量決非僅作為手段而牽連到自利與私欲（作為**在人本身之內**的目標），而是它們使我們的激動底傾向將其輻輳點置於**我們以外**的其他有理性者之中。由此產生兩種力量底衝突，這兩種力量即自我性（它使一切以自己為轉移）和公益（它推動或牽引心靈趨向自己以外的其他人）。我不討論一種慾望——由於它，我們極強烈而普遍地執著於他人底判斷，並且把他人底同意和贊許視為完成我們對自己的判斷所亟需者。縱使由此偶爾會產生一種誤解的榮譽狂，但甚至在最無私且最真誠的性情中仍可察覺一種秘密的趨向，把我們自己認為是**善的**或**真**的事物與他人底判斷加以比較，以使兩者一致，同時在一切人類心靈似乎走上我們走過的道路以外的另一條小徑時，

彿在認識之途上使它停住。這一切或許是我們自己的判斷對
於**人類底普遍知性**的被感覺到的依待性，並且成為一種手段，
以便使思想的存有者底整體得到一種理性底統一。

　　但我略過這項在其他場合並非不重要的觀察，而現在訴諸
另一項觀察；就其牽涉到我們的目的而言，這項觀察是更為明
白而重要的。如果我們使外物與我們的需要發生關係，則我們在
這樣做的時候，無法不同時感到自己受到某一感覺底束縛與限
制；這種感覺使我們發覺：在我們內部彷彿有一個外來的意志
在發生作用，而且我們自己的願望需要以外在的同意為條件。
一種秘密的力量迫使我們同時以他人底福祉為目標或依外來的
意念決定目標（儘管我們往往不情願這麼做，而且這強烈地與
自利的愛好相牴牾），且因此我們的慾望底方向線之輻輳點並
非在我們之內，而是還有鼓動我們的力量在於我們以外的他人
底意欲中。由此便產生常違逆自利之念而引動我們的那些道德
衝動，即強烈的義務（Schuldigkeit）法則和較弱的慈惠（Gütigkeit）
法則；這兩者均強使我們作若干犧牲，而且縱使它們偶爾被自
利的愛好所壓制，但在人性中仍然不會不顯其真實性來。以
此我們發現自己在最隱密的動機中依待於**共同意志底規則**，且
由此在所有思想的存有者底世界中，一種**道德的統一**與有條理
的狀態純然依精神法則而產生。如果我們要把這種使我們的意
志符合共同意志，而為我們所感覺到的強制稱為**道德情感（sittliches
Gefühl）**，則我們只是把它當作發生於我們之內的實際事物底
現象來談論，而未確定其原因。所以**牛頓**把一切物質相互接近
的傾向底確定法則稱為物質底重力（Gravitation），因為他不

想使其數學的證明捲入關於重力底原因的可能的哲學爭論中而引起麻煩。但他仍然無所遲疑地把這種重力當作物質底相互的普遍活動之真實作用來討論，且因此又予它以**引力**（Anziehung）之名。難道我們不可能把相互關聯的思想存有者中的道德衝動之現象同樣設想為一種真實活動的力量（精神性存有者藉此力量相互交流）之結果，而使道德情感成為個人意志對於共同意志的**被感覺到的依待**，且是自然而普遍的交互作用之結果；由此，非物質性世界依照其特有的關聯底法則形成一個具有精神圓滿性的系統，因而達到其道德的統一嗎？如果我們承認這些想法底可能性大到值得我們費力以其結果去衡量它們，我們或許將會因其吸引力而不自覺地對它們有幾分偏袒。因為在此情況下，那些通常由於人在地球上的道德關係與自然關係底矛盾而令人極感奇怪的畸異似乎泰半消失了。行為底一切道德性決無法依自然底秩序在人底肉體生命中有其完全的效果，但能依精神法則在精神世界中有其完全的效果。真正的意圖、許多因無力而無成果的努力底秘密動機、自我超克、或者有時甚至在表面看來善良的行為中所隱藏的狡詐，泰半對於肉體狀態中的自然結果均徒勞無功。但是它們必須以此種方式在非物質性世界中被視為有成效的根據，並且在這方面依照精神法則、根據個人意志與普遍意志底聯結（亦即精神世界底統一與整體）產生一種合於自由意念底道德特質的作用，或甚至相互接受這種作用。因為既然行為底道德因素涉及精神底內在狀態，它自然也只能在精神底直接交通中引起與全部道德性相稱的作用。由此會產生以下的情況：人底心靈在此生必然已根據道德狀態在

336

宇宙底精神性實體中佔有其位置，如同宇宙底諸物質依照運動法則彼此處於這種合於其物質力量的秩序中⑦。如果心靈與有形世界間的交通最後因死亡而被廢止，則在另一個世界中的生命將只是該心靈在此生與有形世界間已有的聯結之自然延續；而且在此生所履行的道德底全部結果，將在彼世再度出現於一個與整個精神世界密切地交通的存有者早已在那裡依精神法則所產生的作用中。因此現在與未來將彷彿出於一體，且形成一個持續的整體（甚至根據**自然秩序**）。後面這一種情況具有特殊的重要性。因為在一個純然基於理性底根據而作的臆測中，如果我們為了消除由於道德及其結果在此世中不完全的協調而產生的缺陷，必須托庇於上帝底一種非凡的意志，則這有一項極大的困難。因為不論依我們對於上帝智慧的概念，有關上帝意志的判斷是如何可能，永遠會有一種強烈的懷疑：或許我們的知性底薄弱概念非常不當地被套用在至高者上面，因為人底任務只是從他實際上在此世所知覺到、或者他能依類比規則按照自然秩序在此世所推想的調和去判斷上帝底意志；但他無權依照他自己的智慧底設計（他同時以之規定上帝底意志）在現世或來世編造新的任意安排。

---

⑦人與精神世界依照精神感應底法則，由道德底根據所產生的交互作用我們可置入以下的系絡中：由此在一個善的或惡的心靈與善的或惡的精神間自然產生一種更親密的交通，而且該心靈本身因此加入精神共和國中合於其道德特質的部分，而分享一切可能依自然秩序由此產生的結果。

＊　　　　　＊　　　　　＊

　　現在我們再將我們的考察引回原先的路上，並且趨近於我們已為自己預定的目標。如果精神世界及我們的心靈之參與其間如同我們提供的概要所描述的情形一樣，那麼幾乎沒有任何事情似乎比以下的事情更奇怪：與精神交通並非極普遍而平常的事，而且其不尋常之處關乎這些現象底稀有性，幾乎更甚於其可能性。但這項困難極容易消除，並且也已經部分消除了。因為人底心靈透過一種非物質性直觀（因為它以它對具有類似本性的存有者的關係來看自己）對於自己（作為一個精神）所具的表象完全有別於其意識透過一種圖像對於自己（作為一個人）所具的表象——這種圖像源於身體器官底印象，並且正是在其與物質性事物的關係中被呈現。因此，同時屬於有形世界與無形世界而為其成員者雖然是同一個主體，但卻不是同一個人格。因為一個世界底表象由於其不同特質，並非另一個世界底表象之附隨觀念；且因此作為精神的我所思考者並不被作為人的我所想起，而反過來，作為一個人的我底狀態決不進入作為一個精神的我自己底表象中。此外，不論我們對於精神世界的表象是如何清楚而鮮明⑧，這卻不足以使作為人的我意識到

338

────────

　　⑧這點我們可藉心靈甚至就此生而言所具有的一種雙重人格性來闡釋。當某些哲學家想證明暗濁表象底真實性時，他們相信可訴諸熟睡狀態，而絲毫不虞受到反對，因為對此我們只能確切地說：我們在醒時想不起我們在熟睡時可能有過的任何表象；而由此我們只能推知：這些表象在醒時並非清楚地被呈現，而非：它們甚至在我們睡眠時也是暗濁的。其實我

那個世界；這如同甚至我們對於作為一個精神的自己（亦即心靈）的表象固然得之於推論，但對於人而言，它並非一個直觀的經驗概念。

　　然而，精神性表象與屬於人底肉體生命的表象之不同類不可被視為一個重大障礙——它使我們決無可能甚至在此生偶爾意識到由精神世界方面而來的感應。因為這些精神性表象固然無法直接進入人底個人意識中，但卻依以下方式進入：它們依概念結合底法則使與它們相近的圖像活動，且喚起我們的感覺底類似表象（這些表象雖然不是精神性概念本身，卻是其象徵）。因為如一個成員般屬於這個世界以及另一個世界的，始終是同

339

推想：我們在睡眠中的這些表象可能比甚至醒時最清楚的表象都更為清楚而廣闊；因為在一個像心靈這樣活動的存有者底外感完全靜止時，這是可以期望的事——儘管由於人底軀體在這個時候並未連帶被感覺到，所以在醒時軀體並無附隨的觀念，能促使我們意識到思想底先前狀態正屬於同一個人格。有些夢遊者偶爾在夢遊狀態中顯示出比平時更多的理解力（雖然他們在醒時對此完全沒有記憶）；他們的行為證實我對熟睡所作的推想之可能性。反之，夢（亦即，睡眠者醒後記得的表象）不屬於此類。因為在此情況下，人並非完全睡著；他有某種程度的清晰感覺，且將其精神活動編入外感底印象中。因此，他事後部分記得這些活動，但在它們之中也只見到狂亂而無聊的空想——這些活動必然就是這樣，因為在它們之中幻想底觀念和外在感覺底觀念相混在一起。
〔譯者按：所謂「某些哲學家」云云，請參閱 J. G. Darjes, *Elementa metaphysices*, "Psychologia empirica", §26。〕

一個實體，而且這兩種表象屬於同一個主體且相互聯結。如果
我們考察，我們的高級的理性概念（它們極接近精神性概念）
通常如何彷彿披上一件有形的外衣，以使自己顯豁，我們便能
使上述情況底可能性多少可理解。因此，神底道德特質依憤怒、
嫉妒、慈悲、報復等表象而被設想；而詩人把德行、罪惡或其
他自然特質人格化，但這使知性底真正觀念透顯出來。所以，
雖然空間和時間僅在關係中相協調，且因此固然依類比、卻決
非依性質彼此相合，幾何學家仍以一條線來表現時間。甚至在
哲學家中，上帝底永恆性之表象也具有一無限時間底外貌，而
不論我們如何慎防混淆這兩者。而數學家通常不願承認萊布尼
茲底單子，其中一個重要原因或許是：他們無法不把這些單子
設想為小團塊。因此，以下的情況並非不可能：當精神性感覺
引起與它們相近的幻想時，它們能進入意識中。藉著這種方式，
由一項精神感應所傳達的觀念化現為人類平時使用的**語言**底記
號，一個精神之被感覺到的存在化現為一個**人類形體**底圖像，
非物質性世界底秩序與美化現為平常在生活中使我們的感覺愉
快的幻想等等。

　　但這類現象必然不是普通而尋常之物，而是只發生於某些
人身上——他們的器官⑨有一種異常大的敏感性，能藉和諧的 340

---

⑨此所謂「器官」並非指外在感覺底器官，而是我們所稱的「心
　靈底感覺中樞」，亦即腦中的一個部分，其運動經常如哲學
　家所認為的，伴隨思想的心靈底各種圖像和表象。
　〔譯者按：所謂「心靈底感覺中樞」，請參閱第一部第一章
　註⑦「譯者按」。〕

運動依心靈底內在狀態強化幻想底圖像，使之超過通常在正常人身上所發生而且也應當發生者。這類不凡的人在某些時刻會被若干好像在他們之外的對象之出現所糾纏，而他們會認為這是精神性存有者底存在；這種存有者底存在影響他們的肉體感覺——儘管在此只產生想像底幻覺。但此種幻覺底原因卻是一種真正的精神感應；這種感應無法直接被感覺到，而是僅透過幻想底相近圖像（它們具有感覺底外貌）呈顯於意識。

由教育得來的概念、或甚至在其他情況下混進來的種種幻覺將在此發生作用，使迷惑與真理相混淆，而且雖然有一種實際的精神性感覺作為根據，但這種感覺已被變造成感性事物底影像。但我們也會承認：在此生中以這種方式將精神世界底印象開展成清楚的直觀的那種特質在此很難派得上用場；因為精神性感覺在此必然極吻合地被編入想像底幻影中，而使我們必無可能在此種感覺中將真實之物與環繞它的粗俗假象區別開來。此一狀態也顯示一種實際的疾病，因為它預設神經中一種已改變的平衡狀態，而這些神經甚至由於單單以精神方式去感覺的心靈底作用而陷於不自然的運動中。最後，若我們見到一個通靈者同時是個幻想家（至少就他這些幻象底伴隨圖像而言），將完全不足為異。因為在本性上不為人熟知、且與人底肉體狀態中的表象不相容的表象凸顯出來，並且將配置不當的圖像引入外在感覺中。狂亂的妄想和奇特的怪相由此被捏造出來；儘管它們可能有一種真實的精神感應為根據，它們仍在曳長的裙裾中迷惑受騙的感覺。

從現在起，我們能無困惑地對於哲學家極常碰到的鬼怪故

事以及偶爾傳聞的各種神靈感應提出表面看來合理的根據。死
去的靈魂與純粹的精神固然決無法顯現於我們的外感前面，也 341
無法與物質交通，但卻對人底精神（這種精神與它們同屬於一
個龐大的共和國）發生作用，以致它們在人底精神中所引發的
表象依其幻想底法則化現為相近的圖像，並且使與它們相合的
對象彷彿出現在人底外面。每一種感覺都會有這種錯覺，而且
不論這種錯覺與荒唐的幻影如何混淆，這都不會妨礙我們在其
中推想精神感應。如果我還要討論這種說明方式底應用的話，
我將侮辱讀者底穎悟力。因為形上學的假設具有一種極不平常
的變通性，因而如果我們甚至在調查了每個故事底真實性（這
在許多情況下是不可能的，而在更多的情況下是非常無禮的）
之前，無法使目前的假設順應這個故事，我們必定極為笨拙。

　　但倘使曾有個人，其結構不僅適於有形世界，也在某種程
度下適於無形世界，那麼當我們把他可能得到的利弊加以衡量
比較時，這類的禮物似乎等於尤諾⑩ 用以榮耀提磊西阿斯⑪ 的

　　⑩譯者註：Juno，在羅馬神話中是司婚姻的女神，為天神尤比
　　　特（Jupiter）之妻，相當於希臘神話中的赫拉（Hera）。
　　⑪譯者註：Tiresias，特本（Theben）城之預言家。據希臘神
　　　話，他有一次在山中漫步，見到兩條蛇交媾，便舉杖打死母
　　　蛇。他立刻變成女人。七年之後，又發生同樣的事，他才回
　　　復男身。由於他有這種變性底經驗，因此有一回天神宙斯
　　　（Zeus，相當於羅馬神話中的尤比特）與赫拉發生爭執，便
　　　把他召來，以決定：在愛情中，到底是男人還是女人獲得較
　　　大的樂趣？他答道：女人得到十分之九的樂趣。赫拉大怒，
　　　便把他弄瞎。宙斯為了補償他，便賦予他預知的能力及七倍
　　　於常人的壽命。

禮物——前者先把後者弄瞎，以便能給予他預言的天賦。因為依據上述諸命題來判斷，我們必須喪失認識**眼前**世界所需的若干知性，才能在此得到關於**另一個**世界的直觀知識。我也不知道：是否甚至某些哲學家能完全不受這項嚴格條件之限制；這些哲學家極勤奮而專注地將其形上學的望遠鏡朝向那些遙遠的地區，並且能敘述那邊的神奇事物。至少我不嫉妒他們的發現。但我恐怕：任何有常識而較不細膩的人會向他們暗示**布拉**⑫底馬車夫有一次回答他的同樣的話——當布拉認為在夜間能以最短的路程馳向星辰時，他的馬車夫答道：**老爺！對於天空您可能很了解，但是在這地球上您是個傻子。**

———————

⑫譯者註：Tycho de Brahe, 1546-1601，丹麥天文學家。

第三章

反神祕宗教：斷絕與靈界間的交通的通俗哲學之斷簡

342

亞里斯多德在某處說：**當我們清醒時，我們有個共通的世界；但是當我們作夢時，每個人有他自己的世界**①。在我看來，我們或許可倒轉後面一句而說：當不同的人之中每個人有其自己的世界時，我們可推想他們在作夢。基於這點，如果我們考慮各種思想世界之幻景**建築師**（他們每個人均平靜地住在其思想世界中，而排斥其他思想世界）——例如，住在由**吳爾夫**②以少數經驗底素材、但卻更多剽竊概念所建立的事物秩序中的人，或者住在由**克魯修斯**藉著關於**可設想者**與**不可設想者**的若干箴言之魔力憑空造成的事物秩序③ 中的人——，則我們在見

---

①譯者註：此句出處不詳。但海拉克萊托斯（Herakleitos）有類似的話；見H.Diels/W. Kranz（Hgg.）：*Die Fragmente der Vorsokratiker*（Berlin 1974），Bd. 1.,S. 171, Fragment 89.

②譯者註：Christian Wolff, 1679-1754，德國哲學家。他將萊布尼茲哲學系統化，構成當時在德國思想界居主流地位的「學院哲學」（Schulphilosophie）。

③譯者註：在康德於1762年完成的〈關於自然神學與道德學底

到其幻景底矛盾時，將耐心等待，直到這些先生從夢中醒來。
因為如果他們一旦幸運地完全清醒，也就是說，睜開眼而有一
種可與他人底知性一致的洞察力，則他們之中無人會看到任何
東西在他們的論據之光照下，不使其他每個人同樣覺得是明顯
而確實的，而哲學家此時將住在一個共通的世界，亦即數學家
早已擁有的那個世界中。假使輓近在學術底視野之上已顯現的
若干徵候與預兆可信賴的話，這個重大事件之發生不會再等很
久了。

　　感覺底夢幻者與理性底夢幻者間有某種近似性，而通常那
些偶爾與神靈有關係的人被歸諸前者。這是由於他們像理性底
夢幻者一樣，看到其他正常人所看不到的某物，並且獨自與對
其他人不顯現的存有者交通（不論其他人有多敏銳的感覺）。
如果我們假定：上述的現象終歸只是幻影，則就兩種現象本身
343 幾乎同是編造的圖像，而這些圖像仍好像是真實對象一樣地欺

原理之明晰性的探討〉一文中有一段論克魯修斯（Christian
August Crusius, 1715-1775）的話：「……關於這位名人想
為所有知識（因此也包括形上學知識）提出的一切確實性底最高
規則——**我只能設想為真實的事物是真實的**云云——，我們
很容易理解：這個命題決不能是任何知識底真實性之根據。
因為如果我們承認：除了「我們只可能認為它是真實的」以
外，我們無法提出真實性底其他根據，則我們暗示：我們完
全無法提出真實性底其他根據，而且這項知識無法證明。現
在，當然可能有許多無法證明的知識；但是，對這些知識的
確信之情是對其真實性的承認，而非論據。」（*Kants Ge-
sammelte Schriften*, Bd. 2, S. 295.）

騙感覺來說，甚至「夢幻」之名也是恰當的。但是如果我們想像：這兩種錯覺就其產生底方式而言也非常類似，而認為一者底根源也足以說明另一者，我們便大大欺騙了自己。如果有人在清醒時沉迷於其始終豐饒的想像所編造的虛構和妄想，以至於漠視他目前最切身的感覺，我們便可恰當地稱之為**清醒的夢幻者**。因為只要感覺在強度上再減弱一點，他就會睡著，且先前的妄想將成為真實的夢。何以感覺在清醒時就不是夢呢？其故在於：他此時設想這些感覺是**在自己之內**，而他感覺到的其他對象是**在自己之外**，因此將前者視為他自己的活動底結果，而將後者視為他從外面感覺且接受的事物。因為在這裡，一切均繫於在我們的設想中對象與他（作為一個人）、因而也與其軀體底關係。因此，上述的圖像在他清醒時固然能使其心思非常忙碌，但卻無法欺騙他（不論這些圖像多麼清晰）。因為儘管這樣一來，他在腦中對他自己及其軀體也有一個表象，而使其幻想的圖像與這個表象產生關係，但是對其軀體的實際感覺卻藉外感形成與那些妄想間的對比或明顯區別，以便將那些幻想的圖像視為自己編造的，而將這個表象視為被感覺到的。如果此時他逐漸入睡，其軀體之被感覺的表象便逐漸消失，而只賸下自己虛構的表象；其他妄想則被認為與這個虛構的表象有外在的關係，並且也必然欺騙作夢者（只要他在睡眠中），因為在此沒有感覺可資比較，以使原型與幻影（亦即外在之物與內在之物）可區別。

　　因此，通靈者不單是在程度上、而是在種類上與清醒的作夢者完全不同。因為通靈者在清醒時（並且常在其他感覺最為

鮮明的時候）將某些對象歸諸他們在周圍實際知覺到的其他事物底外在位置上；而這裡的問題只是：他們怎麼會把其想像底假象置於自己之外，並且使之與其軀體（他們也由外感感覺到此軀體）發生關係呢？其幻影底高度清晰性必然不是此事底原因，因為此處的問題在於這個幻影被當作一個對象而置入的位置。因此，我期望有人說明：心靈如何將這樣一個圖像（心靈的確該設想它內含於自己之中）置於一個完全不同的關係中，亦即置於一個**外在的**位置，而在呈現於其實際感覺中的諸對象之間。如果有人舉出若干與這類幻覺多少相似的事例（譬如在發燒狀態中發生者），也無法打發我。因為不論這個被欺騙的人底狀況是健康的還是病態的，我並不想知道：這種事在其他情況下是否也發生？而是想知道：這種欺騙如何可能？

344

但我們在使用外感時發現：在感覺中，除了對象底表象之清晰性以外，我們也了解這些對象底位置；或許這種了解有時並非一定同樣正確，但仍是感覺底一項必要條件——若無這項條件，我們便不可能設想事物在我們之外。在此場合中，以下情況變得極為可能：我們的心靈在其表象中將被感覺的對象置於印象底各種方向線（該對象已形成這些方向線）延伸時所會合之處。因此，我們在從眼睛逆反光線射入的方向所畫的諸線相交的位置上看到一個發光點。這個點我們稱為視點。就結果而言，它固然是**散光點**，但在表象中，它卻是感覺接受印象的方向線之**聚合點**（虛焦點——focus imaginarius）。因此，我們甚至靠一隻眼睛為一個可見的對象決定位置；同樣的，我們可藉一個凹透鏡在空中看到一個物體底映像，正好是在從對象底

一點射出的光線在落入眼中以前會合之處④。

由於聲音底衝擊也是循著直線進行，或許我們同樣可以就 345
聲音底印象假定：聲音底感覺同時有一個虛焦點底表象伴隨，
而這個虛焦點被置於由腦中被震動的神經組織向外延伸的直線
交會之處。因為縱使聲音輕微，而且發自我們的背後，我們仍
多少覺察到一個發聲物體底位置和距離——雖然能由此畫出的
直線並非正中耳穴，而是落在頭部底其他位置上，因而我們必
得相信：在心靈底表象中，震動底方向線被向外延伸，而且發
聲的物體被置於其交會點上。在我看來，其他三種感覺也可用
同樣的道理來說，而這些感覺與視覺和聽覺不同之處在於：感
覺底對象與感官直接接觸，且因此感覺刺激底方向線在這些感
官自身中有其會合點⑤。

為了將這個道理應用於想像底圖像，容我以**笛卡爾**所假定、
而為其後大多數哲學家所贊同的一點為根據，這點即是：想像
力底一切表象在腦部底神經組織或神經中樞內同時有某些運動
伴隨，這些運動稱為「實質觀念」⑥；這即是說，這些表象或

---

④我們對近物底表面位置所作的判斷在光學中通常如此被說明，
　而且這項判斷也和經驗極為相符。但是由一點放射的同樣光
　線，由於它們在眼球底水漾液中的折射，並非分散地射至視
　神經，而是在那裡會合於一點。因此，如果感覺僅在視神經
　內發生，則虛焦點不能被置於軀體之外，而只能被置於眼球
　底部。這造成一項困難：這項困難我目前無法解決，並且似 345
　乎與上述命題和經驗均不一致。

⑤譯者註：味覺、觸覺可說是如此，但嗅覺似乎並非如此。

⑥譯者註：參閱第一部第一章註⑦「譯者按」。

許有與它們分離的纖細要素底顫動或震動伴隨，且這種顫動或
震動類似於感覺印象所能造成的那種運動，而感覺印象是這種
顫動或震動底副本。但現在我希望你們承認：在幻想中的神經
運動與在感覺中的神經運動之最主要的區別在於：在前者，運
動底方向線在腦部之內相交；而在後者，運動底方向線卻在腦
部之外相交。因此，由於在醒時清晰的感覺中，虛焦點（對象
在其中被呈現）被置於我之外，而我此時可能有的幻想底虛焦
點卻被置於我之內，則只要我醒著，就不會無法將想像（作為
我自己的幻影）與感官底印象區別開來。

346　　　如果這點被承認的話，我認為我能對於我們稱為「妄想」、
而在更高的程度下稱為「瘋狂」的那種精神錯亂提出可理解的
說法，以解釋其原因。這種疾病底特點在於：心神混亂的人將
單單其想像底對象置於他自己之外，且視之為實際出現在他面
前的事物。而我已說過：依照通常的秩序，在腦中作為物質性
輔助工具而伴隨幻想的運動底方向線必然在腦子裡面相交，且
因而他的圖像在其意識中的位置在醒時被認為在他自己之內。
因此，如果我假定：由於任何一種意外或疾病，腦部底某些器
官被扭曲，且失去其應有的平衡，而使與若干幻想相協而震動
的神經底運動，循著由腦部延伸而會在其外相交的這類方向線
進行，則虛焦點被置於思想主體之外⑦，並且純由想像產生的

---

⑦我們可舉醉酒者底狀態當作與上述意外略微相似的例子。醉
　酒者在此情況下以雙眼看到雙重影像；因為由血管底膨脹產
　生一種障礙，使他們無法調節眼軸，讓其延長線相交於對象

圖像被設想為一個呈現於外感的對象。對於一個事物（依照自然秩序，它不該出現）底假想現象的震驚——儘管這樣一個幻想起初也只是微弱的——不久便引起注意，並且使虛妄的感覺極為鮮明，而使被欺騙的人不懷疑其真實性。這種欺騙能發生於每一種外感，因為在每一種外感，我們均有想像中的複製圖像，而且神經組織底錯亂能使我們將虛焦點置於一個實際存在的有形對象底感覺印象所從出之處。這樣一來，如果幻想者相信自己極明晰地看到或聽到許多除他之外無人知覺到的東西，便不足為奇了。同樣的，如果幻影顯現於他之前，又突然消失，或者當這些幻影迷惑一種感覺（譬如視覺）時，卻無法被其他感覺（譬如觸覺）所感受到，且因而似乎可穿透，這亦不足為奇。通俗的靈異故事極易導致這類的肯定，以致它們使我們極有理由懷疑：它們可能由這樣一種來源所產生。因此，**精神性存有者**底流行概念（我們在前面由平常的言語使用引出這個概念）也極合於這種錯覺，並且不否定其根源，因為「在空間中

347

所在之點上。同樣的，腦髓管底畸變（這或許只是暫時的，而且它在延續底情況下僅牽連到少許神經）可能促使某些幻象連在醒時都似乎在我們之外。一種極普通的經驗能與這種錯覺相比。當我們睡醒之後，以近乎假寐的優閒、且彷彿以呆滯的眼睛注視帳幔或罩子底各色絲線或者近處牆上的小汙點時，我們很容易由這些東西形成人面及這類事物底形貌。一旦我們想消除它們且集中注意時，這個幻覺便消失了。在這種情形下，幻想底虛焦點之移轉多少受到意念底支配，而在瘋狂時，意念無法阻止這種移轉。

以一種可穿透性出現」的性質據稱構成此概念底基本特徵。

　　以下情形也極為可能：由教育得來、關於精神底形象的概念為有病的頭腦提供虛妄性想像底材料；而一個全無這種成見的腦子縱使發生錯亂，卻不會這麼容易編造這類的圖像。再者，我們由此也了解：既然幻想者底疾病根本無關乎知性，而關乎感官錯覺，則此不幸者無法憑推理消除其幻覺；因為感官之真實的或虛假的感覺本身先於知性底一切判斷，並且具有一種遠遠超過其他一切勸說的直接明顯性。

　　由這些考察所產生的結果含有以下的不宜之處：它使得上一章中的深刻推斷成為完全多餘的，而且不論讀者多麼願意多少贊同其中的理想構思，仍然寧取那個在裁決時更方便且簡單、並且能期待更廣泛的贊同的概念。因為從經驗提供給我們的材料中取得說明底根據，較諸迷失於一種半虛構、半推論的理性之眩人的概念中，似乎更合乎理性的思考方式；除此之外，這後面的方式多少會引起嘲笑，而不管這種嘲笑有無道理，它均比其他手段為更有力的手段，去制止無用的探究。因為想要以認真的方式解釋幻想者底幻影一事已引起一種不利的揣測，而且在這樣惡劣的圈子裡出現的哲學受到懷疑。誠然，我在前面並未否認此類幻象中的妄想，而毋寧是把它（雖然並非當作一種想像的靈交之原因，而是當作其自然的結果）與這種靈交聯結起來。然而，有怎麼樣的一種愚蠢無法與一套高深莫測的哲學協調呢？因此，如果讀者不把通靈者視為另一個世界底半公民，而簡單地將他們當作醫院底候補者來打發，且藉此免除一切進一步的探索，我決不責怪讀者。但如今，假使一切都依據

這種觀點去看待，那麼對待這類靈界術士的方式亦必與依上述概念而採取的方式極為不同；而且從前我們覺得有必要偶爾**燒死**幾個這類術士，現在只要**給**他們**瀉劑**就夠了。在這種事態中亦無必要從這麼遠的地方講起，且在受騙的空想之發燒的腦中借助形上學探求祕密。目光銳利的**哈迪布拉斯**[8] 一人就已能為我們解開這個謎，因為他認為：**當一股悶氣在內臟中翻騰時，問題在於：其方向為何？如果它向下，由此就會生出一個ㄆ－**[9] **；但如果它朝上，這就是個幻象或神聖的靈感。**

---

⑧譯者註：*Hudibras*是英國詩人巴特勒（Samuel Butler, 1612 -1680）一篇未完成的敘事詩，以主角名為題，旨在反對當時的清教徒，1765年有德文譯本。

⑨譯者註：康德原文作"F-"，意指"Furz"（屁）。

第四章

由第一部底全部考察得到的理論上
的結論

　　如果我們將置放商品與砝碼的秤皿調換，一個秤（依市民
法，它應當是交易底一項尺度）底不實便會被識破。知性之秤 ³⁴⁹
底偏袒也由同樣的技巧暴露出來；若無這種技巧，我們在哲學
判斷中也決無法由比較的衡量中得出一項一致的結論。我已從
我的心靈中清除成見。我已根除一切盲目的傾向；這種傾向曾
經滋生，以便使若干想像的知識進入我心中。現在對我而言，
唯一重要而值得敬重的只是：在一個平靜且可接受一切理由的
心靈中通過真誠之途佔有其位置之物，不論它證明還是否定我
先前的判斷，使我有所決定還是懸而不決。只要我碰到有以教
我之物，我便據為己有。如果我先將反駁我的理由者底判斷**與
我愛（Selbstliebe）底秤皿**共稱，然後將它放在這個秤皿中與我
所臆想的理由共稱，而在其判斷中發現較大的分量時，那麼此
人底判斷便是我的判斷。以前我單從我的知性底立場去看普遍
的人類知性。現在我將自己置於在我之外他人底理性之地位上，
而從他人底觀點去看我的判斷以及其最隱密的成因。這兩種觀
察之比較固然形成重大的視差，但它也是惟一的手段，可防止

視覺上的錯誤，且將概念置於它們在人性底認知能力中的真正位置上。有人會說：我們用極嚴肅的語言討論一個如此無關緊要的課題，這個課題更應被稱為一項兒戲，而非一項正經的工作；而他這麼判斷，並沒有錯。然而，儘管我們毋須為一件小事大張旗鼓，我們或許仍可在這種機會如此做，而且在決定小事時不必要的謹慎可在重要場合中充作範例。我未發現任何一種執著或者是一種未經檢查即滋生的愛好從我的心中奪去對一切正反理由的依從性，只除開一種執著。知性之秤本非完全公平，其載有「**未來之期望**」的題詞的桿臂具有一種機械上的有利條件；其結果連落入此桿臂一端底秤皿的輕微理由都使得在另一端本身較重的思辨向上翹。這是我無法輕易消除的唯一不正，而且事實上我也決不想消除之。現在我承認：一切有關死去靈魂底出現或神靈感應的故事，以及一切關於精神性存有者底可能本性及它與我們之間的聯結的理論，唯有在期望底秤皿中有顯著重量；反之，在思辨底秤皿中，它們好像純由空氣所組成。如果所提出的這個問題底解決與先前已確定的愛好不投合，那麼，那個有理性的人會無法斷定：當他假定一種與他由感覺學到的一切事物完全不相類的存有者時，他在此看到的可能性是否會比將若干所謂的經驗歸諸自欺與虛構（在多數情況下，這些事情並非不尋常）來得更大？

甚至這似乎根本也是極廣泛地被接受的靈異故事得到確認的最主要原因。甚至逝去的人底臆想的顯靈之最初錯覺也可能起源於一項諂媚的期望：我們死後仍以某種方式存留下來。因為在黑夜底陰影中，幻覺經常欺騙感官，且由朦朧的形貌造出

與先前的看法相符合的假象；最後，哲學家藉此機會想出精神底理性觀念，且將之納入學說系統中。有人或許也在我關於靈交的僭妄的學說中見到：此學說採行的方向與一般的愛好所採取者相同。因為這些命題極顯然僅協調一致到足以提供一個概念，以說明人類底精神如何**離開**此世①，亦即說明死後的狀態。但是對於精神如何**進入**此世，亦即，對於其生產和繁殖，我一無所述。我甚至不曾述及，它如何**出現**於此世，亦即，一個非物質性存有者如何在一個軀體中且透過它發生作用。這一切均是為了一項極有力的理由，此即：我對此完全無所了解，且因此能安於對未來狀態同樣無知——倘使並無一項偏好的意見之偏袒用來推薦被提出的理由（不論它們是多麼脆弱）的話。

351

正是這種無知也使我不敢全然否定各種靈異故事中的一切真實性，但有一項雖奇怪卻常見的保留，即懷疑每個個別的故事，而對全部故事卻有幾分相信。讀者保有判斷底自由；但就我自己而言，至少第二章底理由之一側對我有足夠的分量，使我鄭重而不置可否地駐足聆聽許多這類的奇異故事。然而，如果心已先有所偏，它決不乏辯解底理由，所以我不想進一步為這種思考方式辯護，來煩擾讀者。

---

①古埃及人為心靈所用的象徵是一隻蝴蝶，而希臘的名稱有相同的意義。我們很容易了解：使死亡僅成為一種蛻變的希望已產生這樣一種觀念及其標記。然而，這決不會消除對於由此產生的概念底正確性的信賴。我們的內在感覺及以此為根據的關於**類似理性者**的判斷只要保持純粹，則它們通往之處即是理性在更清明而廣闊之時將引向之處。

　　由於我現在是在關於精神的理論之結尾、所以我尚敢說：如果讀者適當利用這項考察，它便完成關於這類存有者的一切哲學洞識，並且我們將來對此或許仍能有各種**意見**，但決無法有更多**知識**。這項斷言聽來極為大言不慚。因為感官的確不認識任何自然對象，對於它我們能說：我們曾藉著觀察和理性**窮盡**它（縱使它是個水滴、砂粒、或者某種更單純之物）；自然在其最細微的部分中對一個像人類知性如此有限的知性所提出的問題之繁複性是如此無法測度。然而，關於精神性存有者的哲學學說之情況卻完全不同。這種學說能夠完成，但只是就消**極的**意義而言；因為它明確地決定我們的洞識之界限，並且使我們相信：自然中的**生命**底各種現象及其法則是我們所能認識的一切，而此生命底原則（亦即，我們並不認識、而是推想的精神性存有者）卻決無法由正面被設想，因為在我們的全部感覺中並無與此有關的材料；而且為了設想與一切感性之物極為不同的某物，我們必須使用否定；但連這類否定底可能性亦非基於經驗或推論，而是基於一項虛構（被剝奪一切輔助工具的理性以之為庇護所）。根據這點，人底精神學（Pneumatologie）可被稱為對於一種臆想的存有者的必然無知底一個學說，並且就它是這個學說而言，極易與其課題相應。

　　現在起，我把關於精神的全部題材（形上學底一個廣大部分）當作已解決且已完成而置諸一旁。以後這項題材與我不再有關。由於我以這種方式使我的研究計畫更加集中，並且省去若干完全徒然的探討，我希望能更有利地將我微小的知性能力用在其他對象上。想把小幅度的知性力延伸到一切不可靠的計

畫上，多半是枉然的。因此，無論在這個情形還是其他的情形下，使計畫底安排與力量相稱，並且在我們無法求得偉大之物時退而求中等之物，乃是明智之舉。

第二部
(它是歷史的)

第一章

一個故事，其真實性讀者可隨己意 去探詢

*容我談論我所聽到之事。*①

維古利伍斯

　　哲學由於自負，僅對自己提出一切空洞的問題。它往往因某些故事而陷於極大的尷尬中：它若非因**懷疑**其中若干故事而受到懲罰，就是因**相信**其中一些故事而受到訕笑。在流傳的靈異故事中，這兩種困難以某種程度匯合起來：第一種困難發生於我們傾聽肯定這些故事的人之時，第二種困難則牽涉到我們傳播這些故事的對象。事實上，對哲學家而言，甚至沒有任何指責比輕信與順從凡俗的妄想之指責更為嚴厲。既然那些擅於表現小聰明的人嘲笑一切使無知者和睿智者多少無分軒輊的事物（因為這兩種人均無法理解它們），那麼極常被假託的顯靈廣為人所接受，但在公眾之間若非被否定，就是被隱瞞，便不足為奇了。因此我們可相信：決無任何學術院會把這項題材當作徵文題目；這並非因為其成員完全不信從上述的意見，而是因為明哲底規則合理地限制好奇心與無用的求知欲同樣提出的問題。而這類的故事固然總是只有秘密的信徒，但在公眾之中 354

---

①語出《艾內伊斯》，**VI.** 266。

卻受到無信仰底流行時尚之唾棄。

　　然而，對我而言，這整個問題似乎並不重要，亦未充分醞釀到對它能有所決定；因此，我毫無遲疑地在此引述以上提到的那種消息，並且完全無所謂地任由讀者對它作贊成或反對的判斷。

　　在斯德哥爾摩住著某一位**史威登堡**先生，無官無職，擁有極可觀的財產。他的全部事業在於：如他自己所說的，他廿幾年來已同神靈和死去的靈魂有過極親密的交往，從它們那裡得到另一個世界底消息，反過來也提供這個世界底消息給它們；他就其發現寫了幾大冊書，並且偶爾旅行到倫敦，以照應出版事宜。他並不保守他的秘密，同每個人都坦白談論這些秘密，似乎完全相信他所宣稱之事，毫無故意欺騙或招搖撞騙的樣子。如果我們可相信他本人，把他當作所有通靈者中的首席通靈者，那麼他也的確是所有幻想家中的首席幻想家——不論我們根據認識他的人底敘述，還是根據他的著作去評斷他。但這種情況卻無法使那些平日贊同有神靈感應的人不推想在這些幻想背後有些真實之物。然而，由於另一個世界底所有全權代表之委任書在於他們藉著某些試驗在此世中為其異常的天職所提出的證據，我必須從那些到處流傳而證實此人底異常特實的事蹟中至少引述仍被大部分人多少相信者。

　　1761年年底，有一位侯爵夫人召見史威登堡先生。由於她高度的智力和識見，她幾乎不可能在這類情況下受騙。關於此人所宣稱的幻象的普遍傳聞促成這次召見。她先提出若干問題，其目的在於以他的想像打趣，更甚於聽取另一個世界底實際消

息；然後她摒退史威登堡。但她已先交託他一項秘密任務。此 ³⁵⁵
項任務涉及他的靈交。幾天後，史威登堡先生帶來了答案。據
侯爵夫人自己的告白，這項答案使她極度驚訝，因為她發覺它
是對的，但卻沒有任何活人能給她這項答案。這個故事出自在
當地宮廷的一位公使（他當時在場）給在哥本哈根的另一位外
國公使的報告，也與對此事件的特別調查所能探知的結果完全
吻合。

　　以下的故事除了一般的傳言外別無保證，而傳言是極糟糕
的證明。**馬特維爾**（Marteville）夫人是一位荷蘭駐瑞典宮廷的
公使之遺孀。一個金匠底家屬催她為一套打製的銀餐具付清欠
款。這位夫人知道其亡夫底日常家計，相信這筆債務在他生前
必定已結清；然而，她在其遺留下來的文件中完全找不到證明。
這個婦人特別容易相信占卜底故事、解夢、以及其他各種神奇
之事。因此，她向史威登堡先生透露其心事，請求他為她從另
一個世界向其亡夫求取關於上述債務底實情的消息——如果像
傳聞所說，他與死去的靈魂交通一事是真實的。史威登堡先生
答應去做此事，且在幾天後到這位夫人底住所向她報告：他已
取得所要的消息；在他指出的一個櫃子（這位夫人以為它已完
全騰空）裡還有一個秘密夾層，所需的帳單便在其中。他們立
刻照他的描述去找，且連同荷蘭文的秘密文書一起找到收據。
這使金匠所提的一切要求均被勾銷。

　　第三個故事是這樣的故事：其真確與否必然極容易得到完
全的證明。如果我得到的消息正確的話，此事發生於1759年年
底。當時史威登堡先生從英國回來，在一個下午登陸於**哥騰堡**

（Gotenburg）。當晚他受邀到一位當地商人那裡參加一個聚會。稍事停留後，他以極度驚愕的神色告訴賓客一個消息：此刻在斯德哥爾摩底**居德馬爾姆**（Südermalm）有一場可怕的火災正在肆虐。過了幾小時（在這期間，他不時離開），他向賓客報告：火已被遏止，也報告它已蔓延多遠。就在當晚，這個神奇的消息已經傳開；而到次晨，已傳遍全城。然而，兩天之後，此事底報告才由斯德哥爾摩抵達哥騰堡。據說，這項報告與史威登堡所見的幻景完全相符。

有人或許會問：到底是什麼東西能促使我去從事一個如此受輕視的工作——像是去傳播一個有理性者遲疑地以耐心去傾聽的無稽之談，甚至把它們當作哲學探討底題材？然而，既然我們先前敘述的哲學也正是出於形上學底**極樂國**的無稽之談，我看不出將兩者相提並論，有任何不當之處。再者，何以因盲信理性底詭辯而受騙，比因輕信無稽的故事而受騙，就更為光彩呢？

愚蠢與理解間的界限極難畫定，因此我們很難在其中一個領域裡長期前進，而不偶爾稍稍涉入另一個領域。但是有一種真誠會受到慫恿，偶爾甚至對抗知性底反抗而對許多堅定的保證有所承認，這種真誠似乎是古代的忠誠之遺風。古代的忠誠固然不很適合目前的情勢，且因而常變成愚蠢，但因此不能就被視為愚鈍底一項自然遺物。所以，在我所涉及的神奇故事中，我任由讀者之所願，將那個由理性和輕信組成的曖昧混合物分解為其要素，並且為我的思考方式計算這兩種成分之比例。因為既然在這種批判中所著重的只是誠實，我足以使自己免受嘲

笑；因為雖有這種愚蠢（如果有人要如此稱呼它的話），我仍與極多上流人士相交往——如**馮特內**② 所相信的，這已足以使人至少不被視為不聰明。因為在所有的時代，事情均已是如此，而將來也可能仍是如此：某些荒謬的事情甚至被有理性的人所接受，僅僅因為它們喧騰於眾口。感應、魔杖、預感、孕婦底想像力之作用、月亮盈虛對動植物的影響等等，均屬此類。其實不久前，平凡的農民豈非對那些平時經常嘲笑他們輕信的學者巧妙地報以嘲笑？因為藉著許多道聽塗說，孩子與婦人最後使大多數聰明人把一隻普通的狼當作土狼——儘管現在每個有理性的人都不難了解：在法國底森林中並不會有非洲猛獸出沒。人類知性底弱點與其求知慾之結合使得我們初時不加分別地抓住真理與虛妄。但漸漸地概念變得純淨，一小部分留下來，其餘部分則被當成廢物扔掉。

　　因此，誰要是認為那些靈異故事似乎是重要之事，假使他有足夠的錢，又沒有更重要的事可做，他至少可冒險作個旅行，以進一步探詢這些故事，如同**阿特米多**③ 為了便於釋夢而遍遊小亞細亞一樣。具有類似思考方式的後代也會非常感激他，因為他阻止有朝一日另一個**菲羅斯特拉特**④ 出現；而在歷經多年

357

---

②譯者註：Bernard le Bovier de Fontenelle,1657-1757，法國作家及啟蒙哲學家。

③譯者註：Artemidor，紀元二世紀的希臘預言家，曾寫了一部釋夢之書。

④譯者註：Philostrat，紀元三世紀的希臘詭辯家與修辭學家，曾為提阿內底阿波羅尼伍斯作傳。

之後，當道聽塗說醞釀成一種格套的證明，且對目擊者的詢問（這雖然極其必要，但卻不合宜）一旦成為不可能時，這個菲羅斯特拉特便使我們的史威登堡成為第二個**提阿內底阿波羅尼伍斯**）

---

⑤譯者註：Apollonius von Tyane，紀元一世紀末的新畢達哥拉斯派哲學家，有許多關於他的奇蹟流傳於世。

第二章

一個妄想者在靈界中的忘我之旅

夢、魔幻的恐怖、奇蹟、女巫、夜間幽靈、
以及泰沙拉底怪物。①

荷拉修斯

　　如果謹慎的讀者在本文底進展中對作者認為恰當的考察過
程產生了若干疑惑，我決不能責怪他。因為既然我將獨斷的部 358
分置於歷史的部分之前，且因此將理性根據置於經驗之前，我
便引起一種懷疑，彷彿我在玩弄詭計，而且我可能事前在腦中
已知道這個故事，卻裝作只知道純粹而抽象的考察，以便我最
後能從經驗提出一項可喜的證明，使未期望此類事情的讀者驚
喜。而事實上，這也是哲學家屢屢極靈巧地使用過的一項策略。
因為我們得知道：一切知識均有我們所能把握的兩端，一端是
先天的（a priori），另一端是後天的（a posteriori）。誠然，
較近的各種自然學家曾宣稱：我們得從後天的一端開始。他們
相信應取得足夠的經驗知識，然後逐漸上推到更高的普遍概念，
因而從尾部逮住學問之鰻。然而，儘管這種處理方式可能是明

①譯者註：語出羅馬詩人荷拉修斯（Quintus Horatius Flaccus）
　底《書簡集》（Ⅱ,2, 208/9）。

智的，仍然非常不夠學術性與哲學性。因為我們在這種方式下立刻便會碰到一個無法回答的「為什麼」，而這帶給一個哲學家的榮耀正如它帶給一個商人的一樣多（這個商人在別人要他支付票據時客氣地請求對方下次再來）。因此，思想敏銳的人為了避免這種不便，乃由相反的極限（即形上學底最高點）出發。但是在此卻有一項新的困難：我不知人們在何處開始，亦不知他們往何處去，而且論證底推展不會及於經驗；甚至伊壁鳩魯底原子可能從無始以來不斷落下之後，突然由於機緣而聚合起來，形成一個宇宙；而這比最普遍而抽象的概念組合起來以說明宇宙，更有可能②。因此，哲學家極為了解：一方面他的理性根據、另一方面實際經驗或故事有如一組平行線，將無限地並行前進，而不會相交。所以他與其他哲學家彷彿對此已有約定，而同意各自依其方式選擇起點，然後不以直線推論，而是在不知不覺中使論據偏曲，且暗中睨視某些經驗或證據底目標，以引導理性，使它必然正好達到天真的學生不曾猜到的目標，亦即，證明我們事前已知道會得到證明之事。然後，他們仍將此途稱為先天之途——儘管此途已在不知不覺中被插定的路標引向後天之點，但深通此道的人按理必然不會在此出賣行家。藉著這種巧妙的方法，許多值得讚揚的人單在理性底道路上甚至已掌握宗教底祕密，正如小說家讓故事中的女主角出

②譯者註：Epikur（Epicurus），希臘哲學家，紀元前342/41 -271/70。他持原子論，主張：無始以來，原子由虛空落下，由於機緣而聚合，因而形成宇宙。

亡到遠方的國度，以便她在一場幸運的冒險中偶然遇見其愛慕
者：「〔她〕逃到草地上，且希望已被人看到。」（維吉利伍
斯）③ 因此，既有如此受到稱譽的前輩，縱使我實際上也使用
這同樣的伎倆，促使我的著作得到一個所期望的結果，我事實
上也沒有理由羞愧。然而，我懇請讀者切莫相信我已這樣做。
在我已說出這項祕密之後，我已無法再欺騙任何人，那麼現在
這樣做，對我又有什麼好處呢？此外，我有一種不幸：我所發
現的證據（它與我的哲學空想極其類似）看來極為怪誕而荒唐，
以致我必須推想，讀者會由於我的理由與這類肯定相似而視之
為荒謬，而非因此將這類肯定視為合理。因此，我直截了當地
說：就這類影射的比擬而言，我是當真的。而且我簡單地聲明：
若非我們得推斷在史威登堡底著作中具有的聰明與真理比乍見
之下還要多，就是他只是出於偶然才與我的系統一致，就像詩
人有時在狂亂時有所預言（有人相信如此，或者至少他們自稱
是如此），而他們偶爾說中結果。

　　現在談到我的目標，即我的主角底著作。有些現在已被遺
忘、或者將默默無聞的著述家，如果他們在撰寫龐大著作時不
顧惜其知性底耗費，是個不小的功勞，那麼毫無疑問，史威登
堡先生在他們裡面應得最高的榮譽。因為的確，他在月中世界
裡的瓶子是滿溢的，且不輪**阿里奧斯多**④ 在那裡所見到的任何 360

---

③譯者註：語出維吉利伍斯底《牧歌集》（*Bucolica*, III, 65）。
④譯者註：Ludovico Ariosto, 1474-1533，義大利詩人。這個
　故事出於其敘事詩《憤怒的羅蘭》（*Orlando Furioso*）第37
　章第67節及其下。

一個瓶子（這些瓶子裝滿在此世所失去的理性，而其擁有者有朝一日必將重獲它們），而其龐大著作倒空了每一滴理性。但這部著作與理性之最細緻的思索對類似對象所能得到的結論，仍有一種極為奇特的吻合。因此，如果我在此處於想像底遊戲中所發現的稀有事物，正是許多其他的蒐集家在自然底遊戲中所碰到的（譬如，他們在有斑痕的大理石中發現神聖家族，或在鐘乳石底形狀中發現僧侶、洗禮盒和風琴，甚至如諷刺家黎斯科[5]在一片冰凍的窗玻璃上發現許多動物及三重王冠），讀者將會原諒我。這些東西完全沒有人看到，除非他的腦袋已事先裝滿了它們。

這位著述家底龐大著作包括充滿胡說的八冊四開本。他以「天上的奧祕」（Arcana caelestia）之標題[6]，將這八冊書當作一種新啟示而宣之於世；在這套書中，他的幻象多半用來發現摩西五書底前兩書中的祕密涵義，並且對整部聖經作一種類似的說明。這一切幻想的詮釋現在均與我不相干；但是如果有人願意的話，他能在恩內斯提博士先生底「神學叢書」第一冊

---

[5]譯者註：Christian Ludwig Liscow, 1701-1760，德國諷刺作家。此事見其*Sammlung satyrischer und ernsthafter Schriften*（Frankfurt u. Leipzig 1739），No. II, S.45-90。

[6]譯者註：該書之全名為：*Arcana coelestia, quae in scriptura sacra seu verbo domini sunt detecta. Una cum mirabilibus, quae visa sunt in mundo spirituum et in coelo angelorum*（London 1749-56）。

中找到有關這些詮釋的若干報導⑦ᵛ。唯有「所聞所見」（audita et visa）——亦即，據說他已親眼見到、親耳聽到者——才是我們特別要從其各章底附錄中引用的；因為這些「所聞所見」是其他一切夢幻底基礎，並且也與我們在前面以形上學底飛船所妄作的冒險極有關係。作者底文筆平淡無奇。他的故事及其編纂事實上似乎源於**狂熱的直觀**，且很少使人懷疑：一種錯誤思考的理性之思辨性幻影已促使他虛構這些故事，且用它們來騙人。所以，就此而論，這些故事有幾分重要性，且事實上值得扼要地加以介紹，或許比沒頭腦的詭辯家底若干兒戲（它們充斥著我們的雜誌）更為值得。因為一種有系統的感官錯覺較之理性底欺騙，畢竟是一種更值得注意的現象。理性底欺騙之原因已是眾所周知，並且多半也能以心靈力量底任意調整與對一種無聊的好奇略加抑制來防止。反之，感官錯覺涉及一切判斷底最初基礎；如果它不正確的話，邏輯底規則也不太能違逆它！因此，我在我們的作者這裡將感覺狂（Wahnsinn）與知性狂（Wahnwitz）分開來，且略過他以一種錯誤方式苦思得到者（此時他不停留於其**幻影**中）；這正如同我們在其他情形下往往得將一位哲學家所**觀察**到的與他所**推論**出的分開來，而且連**假經驗**也多半比出於理性的**假理由**更有啟發性。因此，當我剝奪讀

361

⑦譯者註：Johann August Ernesti, 1707-1781，德國語言學家及神學家。其所編「神學叢書」之全名為：*Neue theologische Bibliothek, darinnen von den neuesten theologischen Büchern und Schriften Nachricht gegeben wird*（Leipzig 1760）。關於史威登堡對聖經的詮釋，請參閱該書6. Stück, S. 515-527。

者底若干時刻（他在其他情況下或許會把這些時刻用來閱讀有關同樣題材的**深邃**著作，但其益處大不了許多）之際，我同時顧慮到其趣味底纖細，因為我在刪去許多狂亂的妄想時，對於此書底精髓減損極少。為此我希望從讀者得到的感謝，正如某個病人認為他應對其醫生表示的感謝一樣多，因為他的醫生能夠輕易地強迫他吃掉整棵金雞納樹，卻只讓他吃該樹底樹皮。

史威登堡先生將他的幻象分成三類。在**第一**類幻象中，他從軀體解脫出來。而處於睡與醒之間的中間狀態。在此狀態中他看到、聽到、甚至感覺到神靈。這種事他只碰過三、四次。在**第二**類幻象中，他被神靈引走。譬如，他在街上行走，而神智清醒。此時他的精神卻在完全不同的地方，並且清楚地看到他處的房舍、人、樹林等等。這可能延續數小時之久，直到他突然再度察覺其真實的位置。這種事他已碰到兩、三回。**第三**類幻象是他每天在完全清醒時所具有的尋常幻象，而他這些故事主要也是由此擷取。

依他的說法，所有人與靈界都有同樣密切的連繫，但他們感覺不到這點。他與其他人之間的分別只在於：**他的內心深處已經敞開**；他始終恭敬地談起這項稟賦（「這是由上主底神性慈悲所給與我的」）。我們從上下文可知：此項天賦應當在於意識到其暗濁的表象，而心靈藉著與靈界間的長久聯結才感覺到這些表象。因此，他把人底外在記憶與內在記憶區別開來。就他是一個屬於有形世界的人而言，他擁有外在記憶；但藉著他與靈界底關聯，他擁有內在記憶。外在的人與內在的人之分別也以此為根據；而他自己的優點在於：他在此生中作為一個

362

人，已在神靈底社會中見到自己，而且這些神靈也認識到他是一個人。在這種內在記憶中，由外在記憶中消失的一切也被保存下來，而且一個人底所有表象不會有所喪失。在死後，曾經進入其心靈中、且過去不為他自己所知的一切事物之回憶，構成其生命之完整記錄。

　　神靈之出現誠然僅牽涉到他的內感；但這卻使神靈對他顯現於他之外，而且顯現為一種人類底形貌。神靈底語言是觀念底直接傳達，但這種語言始終與他平時所說、且被描述為在他之外的語言之顯現相結合。一個神靈在對另一個神靈的記憶中察知後者在其中清晰地包含的表象。因此，這些神靈在史威登堡心中以清晰的直觀看到他對這個世界所具有的表象，以致它們在此欺騙自己，且往往想像它們直接看到事物；但這是不可能的，因為沒有任何純粹的神靈對有形世界有絲毫感覺。然而，憑著與其他活人底精神的交通，它們對有形世界也無法有任何表象，因為它們的內心深處並未敞開，這即是說，其內感含有完全暗濁的表象。因此，史威登堡是神靈底真正宣諭者；這些神靈極好奇，想在他之內觀察世界底現狀，正如他想在其對神靈的記憶中（像在一面鏡子中）觀看靈界底奇蹟。儘管這些神靈也與其他一切活人底心靈極緊密地結合起來，並且與之相互作用，它們對此事所知道的仍像人類所知道的一樣少；因為人類底這種內感（它屬於其精神的人格性）非常不清晰。因此，諸神靈認為：人類心靈底感應對它們的作用僅僅被它們所思想；這正如人類在此生只相信：其一切思想和意志活動均出於他們自己（儘管它們事實上經常從無形世界進入人類之中）。然而，

363

每一個人類心靈在此生已在靈界有其位置，且屬於某一團體，這個團體始終合乎其真與善（亦即知性與意志）底內在狀態。但諸神靈間的相互位置與有形世界底空間並無共通之處。因此，就精神位置而言，在印度的一個人底心靈與在歐洲的另一個人底心靈往往是最接近的鄰人；反之，就軀體而言住在同一居所的人，可能在關係上彼此距離極遠。當人類死亡時，心靈並不改變其位置，而只是感覺到自己處於他在此生關聯於其他神靈而已擁有的同一位置。此外，儘管諸神靈底相互關係並非真實的空間，這項關係在它們之間仍有空間之相，而且它們的聯結是在接近底附帶條件下被設想，而其差異則被設想為遠隔；這正如神靈本身實際上並無擴延性，但卻互顯人類形貌之相。在這個想像的空間裡，精神性存有者之間有普遍的交通。史威登堡與死去的靈魂談話（如果他願意的話），且在對它們的記憶（表象力）中察知它們在自我觀察中的狀態，就像以肉眼看到一樣清楚。就整個精神世界而言，連此世界底理性居民之廣大距離也不算回事；而且對史威登堡而言，與一個土星上的居民談話就像與一個死去的人類靈魂說話一樣容易。一切均繫於內在狀態底關係以及神靈依其在**真**與**善**方面的協調而有的相互聯結；但最遠隔的神靈能輕易地透過其他神靈底中介而交通。因此，人不需要實際上也在其他的天體中居住過，才會認識到它們及其一切奇蹟。他的心靈在他對其他死去的世界公民的記憶中察知他們對其生活與居處所具有的表象，而且在此幾乎透過一種直接的直觀看到對象。

在史威登堡底幻想中的一項主要概念如下：有形物並無獨

立的存在，而僅僅藉著靈界而存在；但每一個物體不止是藉著 364
一個神靈、而是藉著全體神靈而存在。因此，物質性事物底知
識有兩種意義：就物質底相互關係而言，它有一項外在的意義；
就物質性事物（作為結果）表示靈界底力量（作為這些事物底
原因）而言，它有一項內在的意義。是故，人底軀體之各部分
依據物質法則相互發生關係；但就他由在他內部生活的神靈來
維持而言，他的各種肢體及其功能有一項價值，即表示心靈底
力量（由於這些力量，它們有其形貌、活動和不變性）。人類
不認識這項內在意義，而史威登堡（其內心深處已敞開）想使
人類認識它。有形世界底其他一切事物也正是如此：如上所述，
就它們是事物而言，它們有一項微小的意義；而就它們是迹象
而言，它們有另一項更大的意義。這也是他打算對聖經作的新
詮釋之根源。因為照他的幻想，內在的意義（即在聖經中所述
的一切事物對靈界的象徵關係）是這些事物底價值之核心，其
餘的只是外殼。但在另一方面，在作為形象的有形物與內在的
精神狀態之此種象徵的聯結中，重要的是以下一點：一切神靈
始終以擴延性形貌底外觀相互呈現，而且這一切精神性存有者
間的相互感應同時更使它們形成其他擴延性存有者之相，彷彿
是一個物質世界之相——這個世界底形象雖只是其內在狀態底
象徵，卻仍引起一種極清晰而持久的感官錯覺，而使這種感官
錯覺等同於這類對象底實際感覺。（未來的詮釋者將由此推論：
史威登堡先生是一個觀念論者；因為他否認這個世界底物質也
有獨立的存在，且因此或許僅視之為一種由靈界底聯結所產生
的相互關聯的現象。）因此，他談起靈界底花園、廣闊地區、

住所、走廊與拱廊（他在最清晰的光中親眼看到它們），並且
確言：他屢次與他所有死去的朋友談話，幾乎總是發現那些死
去不久的朋友難以相信自己的死亡，因為他們在周遭看到一個
365 類似的世界。他也確言：在有同樣內在狀態的神靈社會中，其
地區及存在於其中的事物具有同樣之相，而這些社會底狀態之
變化與位置底變化之外觀相聯結。如今，當神靈將其思想傳達
給人類心靈時，這些思想總是與物質性事物之相相聯結，而這
些事物其實只是藉著一種與精神意義間的關係（但有現實性底
一切外觀）顯現於接受這些思想者；所以，由此能產生大量狂
亂而極其荒謬的形貌，而我們的妄想家相信在其日常的靈交中
極清晰地看到這些形貌。

　　我已提過：在我們的作者看來，心靈底各種力量和性質與
受它支配的身體器官有交感。是故，整個外在的人對應於整個
內在的人；且因此，當來自無形世界的一種顯著的精神感應特
別涉及他這些心靈力量中的某一種時，他也在其外在的人底四
肢（它們對應於這些心靈力量）中協調地感覺到精神感應底顯
然存在。如今，他使他的軀體中各色各樣的感覺均關聯到這項
感應，而這些感覺始終與精神觀照相聯結；但這種精神觀照太
過荒謬，因而我不敢引述其中任何一項。

　　如今，只要我們認為值得費心，我們便能由此形成一個最
離奇且最罕見的想像底概念（他的一切夢幻在這個想像中統一
起來）。因為如同各種力量和能力形成一種統一，即心靈或內
在的人，各種神靈（其主要特性相互關聯，正如一個神靈底各
種能力相互關聯一樣）也形成一個團體，該團體本身顯出一個

巨大的人底外觀；而在這個影像中，每個神靈均在一定的位置
及可見的四肢（它們合乎它在這樣一種精神性軀體中的獨特職
司）中看到自己。但所有神靈團體合起來、以及這一切無形的
存在者底整個世界，最後甚至又現出**最巨大的人**底外觀。有一
種非凡而巨大的幻想或許是由一項古老的幼稚想法所發展出來 366
——譬如在學校裡，為了幫助學生底記憶，一整個大陸被描繪
成一個坐著的處女之圖像等等。在這個巨大的人之中，在一個
神靈與全部神靈以及全部神靈與一個神靈間，有一種極親密的
普遍交通。同時，不論生物在此世中的相對位置及其變化如何，
它們在這個最巨大的人之中卻有一個完全不同的位置；這個
位置它們從未改變，而且只就表面來看，是在一個無限空間中
的一個位置，但在事實上卻是它們的關係和影響底一種特定方
式。

　　我已厭倦於重述這位在一切妄想家中最嚴重者底狂亂幻影，
或者將之延續到他對死後狀態的敘述。我還有其他的顧慮。因
為儘管一個自然底蒐集家在動物生殖底標本方面，不僅將以自
然型態生成者，也將怪胎陳列在他的櫃子裡，他仍得小心，莫
讓每個人看到它們，或甚至太清楚地看到它們。因為在好事者
當中很可能有懷孕的人，此事可能對他們造成一種壞印象。既
然在我的讀者當中有些人在觀念的孕育方面可能等於懷孕一樣，
因此，如果他們在這裡因這一瞥而使胎兒受到不利的影響，我
將感到遺憾。然而，由於我剛才一開始便警告過他們，所以我
不負任何責任，且期望別人不會要我為這些怪胎負責，而這些
怪胎可能是由他們的豐富想像藉此機緣所創造。

　　此外，我不曾以自己的夢幻混充為我們的作者之夢幻，而是藉著忠實的摘錄將其夢幻呈獻給懶散而節儉的讀者（他不願為了小小的好奇心極輕易地浪費七英鎊）。誠然，直接的體驗泰半已被我省略掉了，因為這類狂亂的幻影只會干擾讀者底夜夢；他的啟示底含混意義偶爾也以一種多少流行的語言被表達；然而，此概論底要旨不曾因此而喪失其正確性。但若想隱瞞此事，卻只是枉然的，因為此事引起每個人底注意，以致這一切辛勞最後毫無結果。因為既然在此書中所宣稱的祕密幻象無法得到證明，則與這些幻象打交道的動機只能存在於以下的推測中：該作者為了證實這些幻象，可能會訴諸上述那類的事件（它們能由活的證人加以證明）。但是無人發現這種事情。因此，我們多少抱著羞愧，從一項愚蠢的嘗試中撤退，而作一項雖然略遲、但卻合理的評論：聰明的思考多半是一件容易的事，但可惜是在我們已受騙一陣子之後。

＊　　　　＊　　　　＊

　　我已探討了一個吃力不討好的題材，這個題材是閒散而多事的朋友之需要和強求加諸我的。由於我使我的努力屈從於這種輕率，我同時也辜負了他們的期待，而且既未提供消息給好事者，亦未提出理由給研究者，以滿足他們。若無其他的目標激勵這項工作，我便浪費了我的時間。我已失去了讀者底信賴；因為我引導其探詢和求知慾經過一段無聊的冤枉路，而回到無知底起點，而他就是由此出發的。然而，事實上我懷有一個目的；這個目的對我而言，似乎比我所宣稱的目的還要重要，而且我自認已達到這個目的了。形上學——儘管我罕能自誇得到

它的青睞，但我注定愛上了它——帶來兩項好處。第一項好處是解決探究之心藉理性去探索事物底隱祕性質時所提出的課題。但在這方面，事情底結果可太常使希望落空，而且這回〔這個影像〕也逃脫了我們熱切的手。

> 這影像如同輕風，極像飛快的夢，
> 用手三度去抓它，均被逃脫。⑧
>
> 維吉利伍斯

另一項好處更合乎人類知性底本性，而且在於了解：這項課題是否也由我們能夠知道的事物所決定？再者，這個問題與我們所有的判斷始終必須憑依的經驗概念間有何關係？就此而論，形上學是一門關於**人類理性底界限**的學問。再者，既然一個小國總有許多疆界，確認且固守其領地，到底比盲目地試圖征伐更重要，因此，上述的學問底好處是最不為人所知的，同時也是最重要的，而這項好處卻經過長期經驗後極晚才被得到。我現在固然尚未精確地決定這個界限，但卻已指出：讀者進一步思考時會發現，如果一個問題底材料得求之於其感覺世界以外的另一個世界，則對這個問題，他可免除一切徒勞的探究。因此，為了得到這個界限，我已浪費了我的時間。為了幫助我的讀者，我欺騙了他。同時，儘管我沒提供給他新的見解，但卻根絕幻覺和無用的知識；這種知識使知性膨脹，且在其狹小

368

---

⑧譯者註：語出《艾內伊斯》（Ⅱ, 793）。

的空間中填滿智慧與有用指導底教訓可能佔有的位置。

如果迄今為止的考察已使讀者厭倦，而未對他有所教益，如今他的不耐可藉**狄奧真尼斯**⑨ 底話得到寬慰。據說，當狄奧真尼斯讀到一本無聊的書底最後一頁時，對其打呵欠的聽眾說：**打起精神吧！諸位先生！我看到陸地了！**先前我們像**德謨克利特**⑩ 一樣，徜徉於空虛的空間中（形上學之**蝶翼**使我們上升到那裡），並且在那裡與精神性人物交談。現在，既然自我認識底**收斂**力已收束起這些絲翼，我們發現自己再度落在經驗與常識底低地上。如果我們將這領域視為我們被指定的場所——我們決無法離開這場所而不受懲罰，而且只要我們以利益為依歸，這場所便含有一切能滿足我們之物——，便是幸事！

------

⑨譯者註：此當指希臘哲學家Diogenes von Sinope，紀元前412 -323。

⑩譯者註：Demokrit，希臘哲學家，紀元前460-371。他持原子論，認為：宇宙萬物由原子所組成，而在空虛的空間中永恆運動。

第三章
由全篇論文得到的實踐上的結論

　　耽於每一種好奇心，並且除了無能之外，不容許求知慾有任何其他界限，這是一種有利於**博學**的熱望。然而，在無數出現的問題中選出人類急切要解決的問題，這是**智慧**底功勞。當學問走完其過程後，自然會抵達一個謙遜的疑惑之點，並且對自己不滿地說道：**我所不了解的事物何其多！**但是，因經驗而成熟為智慧的理性在一個年市底諸商品中，藉**蘇格拉底**之口愉快地說道：**我所不需要的事物何其多！**儘管這兩種性質極為不同的努力起初朝不同的方向出發（因為第一種努力是自負而不滿足的，第二種努力卻是穩重而滿足的），最後卻以這種方式合而為一。因為若要作理性的選擇，我們自己得先知道無必要之物、甚至不可能之物；而學問最後得以確定人類理性底本性為它設定的界線。但是，所有高深莫測的構思（它們本身或許並非無價值，但卻在人類底領域之外）均逃至虛浮底**邊界**上。這樣一來，連形上學都成為它目前仍距離極遠、而且我們最不易料到它會成為的東西，即**智慧**底伴隨者。因為只要還有人以為可能得到如此遙遠的洞識，**睿智的純真**就會徒然地呼喊道：

369

這類偉大的努力是不必要的。隨著知識底擴展而來的愉快極容易使這種擴展顯得合乎本分，並且使那種故意而審慎的知足成為**愚蠢的純真**（它妨礙我們的本性之改善）。關於精神性存有者、自由、預定與未來狀態等等的問題，起初發動知性底一切力量，並且藉著這些問題底重要性把人類引入思辨底競爭中；這種思辨一律推敲、決定、教導或駁斥，就像虛假見解每次均帶來的結果一樣。但如果這項探究發展為哲學（哲學對它自己的程序加以判斷，並且不單是認識對象，而是認識對象對人類知性的關係），界限便縮得更狹小，並且界石被設定，而這些

370 界石決不讓這項探究超出其固有的範圍。為了認識環繞著一個概念（此概念通常我們認為極其方便而平常）的困難，我們曾需要若干哲學。再更多的哲學便使理解底這個影像更加遠離，且使我們相信：這個影象完全在人底視野之外。因為在原因與結果、實體與活動底關係中，哲學最初是用來解開錯綜複雜的現象，並且將之化約為更單純的表象。但是當我們終於得到這些基本關係時，哲學底工作便結束了。至於某物如何能是一個原因或有一種力量，這決不可能靠理性去理解；而是我們只能由經驗得到這些關係。因為我們的理性規則僅涉及依據**同一性**與**矛盾**所作的比較。但倘若某物是一個原因，則由於**某物，另一物**被設定，且因此，沒有任何聯結能由於一致性而產生；這如同當我不願把這同一物視為一個原因時，決不產生一項矛盾，因為某物被設定時，揚棄另一物，這不致自相矛盾。因此，作為原因的事物底基本概念（力量與活動底基本概念）若非得自經驗，便是完全武斷的，而且既無法被證明，也無法被否定。

我固然知道思想和意欲使我的軀體運動，但決無法藉分析將這
個現象（作為一項單純的經驗）歸諸另一個現象；因此，我雖
認識這個現象，卻不理解它。我的意志使我的手臂運動；對我
而言，此事之可理解性並不勝於有人所說的：我的意志也能使
月球在其軌道中停住。其差別只在於：我經驗到前者，但決不
曾感覺到後者。我在我（作為一個有生命的主體）內部認識到
變化，即思想、意念等等；而且由於這些決定不同於一切共同
構成我的「軀體」概念者，我理當設想一個無形體且常住的存
有者，這個存有者若不與軀體結合，是否也會思考呢？這決無
法藉著這種由經驗所認識的本性去推斷。我藉著物質法則底中
介與我這類的存有者相聯繫；但在其他情況下，我是否也根據
其他法則（我願稱之為精神的）、不藉物質底中介與這些存有
者相聯結，或者將在某個時刻與之相聯結呢？我決無法由我既
有的知識去推斷。所有這類的判斷如同「我的心靈如何使軀體
運動，或者在目前或未來與其他同類的存有者發生關係」這類
的判斷一樣，必然只能是虛構，並且決不會具有我們在自然科
學中稱為假設者底那種價值。在假設中，我們並不編造基本力
量，而只以適合於現象的方式，將我們已由經驗所認識的基本
力量聯結起來；因此，假設底可能性必定永遠能被證明。反之，
在第一種情形下，我們甚至假定新的基本的因果關係，而對於
其可能性決無法有絲毫概念；因此，我們創造地或妄想地（隨
你愛怎麼稱呼）編造其概念。我們可由這類假定的基本觀念去
理解各種真實的或自命的現象，這點對於這些基本觀念全無好
處。因為如果我們有理由任意編造活動和作用法則，我們便能

輕易地為一切事物提出根據。因此，我們必須等待，直到我們
或許在來世藉著新經驗和新概念，對於在我們的思想自我中尚
未為我們所知的力量有所知悉。是以，後世的觀察在經過數學
底解析之後，已為我們揭示物質中的引力，但我們對其可能性
（因為它似乎是一種基本力量）決無法形成任何進一步的概念。
那些事先編造這樣一種性質、而無法從經驗提出證明的人理當
被嘲笑為傻子。如今，既然在這類情況下，理性底根據對於發
現或證實可能性或不可能性具有極少的重要性，我們便只能容
許經驗有決定權，猶如我也讓產生經驗的時間對於磁性在牙病
時受人稱道的治療力有所確定——如果經驗對於磁棒之作用於
肌肉和骨頭所能提供的觀察，正如我們對於其作用於鋼鐵所已
有的觀察一樣多的話。但假如某些自命的經驗無法歸入在大多
數人之間一致的感覺法則，且因此在感覺底證據中只有一種無
規則性得到證明（事實上，到處流傳的靈異故事即是如此），
那麼明智的作法是乾脆不理會這些經驗。因為一致性和齊一性
之欠缺將會取消歷史知識底一切證明力①，且使它不宜於充作
任何一種經驗法則底基礎（知性能夠對這種經驗法則下判斷）。

372

　　我們一方面藉著略微深入的探究了解到：在我們所談到的
情況下，可信服的哲學洞識是**不可能的**；同樣的，在另一方面，
我們在一種冷靜而無成見的心境中也得承認：這種洞識是多餘
的且**不必要的**。學問底虛榮喜歡以重要性為藉口，為其工作辯
護；而且在此一般人也宣稱：對於靈魂底精神本性的理性洞識

---

①譯者註：此所謂「歷史知識」實意謂「經驗知識」。

是對死後的存在的信仰所亟需的，而後者卻是一種有德的生活底動機所亟需的。但無聊的好奇心加以補充：死去靈魂底顯現之真實性甚至能給這一切事物一種訴諸經驗的證明。然而，真正的智慧是純真底伴隨者；而且既然在真正的智慧中，心為知性提供規範，這種智慧往往使博學底龐大裝備成為多餘，且其目的不需要這類工具（它們決非所有人均能掌握）。怎麼說呢？難道只因為有個來世，「有德」才是善的嗎？還是毋寧因為行為本身是善而有德的，它們才在將來得到報償呢？人心豈非包含直接的道德規範，而我們為了使人在此世按照其本分而活動，必須在另一個世界發動機關嗎？有一種人只要不受到未來的懲罰所威脅，便寧願屈從於他所嗜好的罪惡；這種人可算是正直嗎？可算是有德嗎？我們豈非更應說：他雖然不敢作惡，但其心靈卻懷有邪惡的存心；而他喜好類乎德行的行為之好處，但卻憎惡德行本身？而且事實上經驗也證明：極多被教以來世且相信來世的人卻耽於罪惡和卑劣，只知盤算以奸詐方式規避未來的威脅性報應的手段。但是，從來沒有一個正直的人能夠忍受「一切事物均隨著死亡而終結」這個想法，且其高貴的存心不奮而期望於未來。因此，將對於來世的期待建立在一個善良的人底感覺上，似乎比反過來將其良好品行建立在對於另一個世界的期望上，更合乎人性和道德底純粹性。**道德的信仰**也是如此；其純真可免除一些詭辯底煩瑣辨析，並且只有這種信仰適合於在所有狀態中的人，因為它把人直接引到其真正目的上。因此，讓我們把關於如此遙遠的對象的一切喧囂的學說系統均委諸無事者底思辨和操心吧！事實上，這些學說系統對我們無

373

關緊要；而且贊成或反對底理由之一時觀感或許會對學院底贊成有所決定，但很難對正直者底未來命運有所決定。甚至人類理性也不具有足夠的翅膀，能撥開如此高高在上的雲（這些雲使我們見不到另一個世界底祕密）；而且對於那些極熱切地探詢這些祕密的好奇者，我們可給予這項單純但卻極自然的答覆：**如果他們願意忍耐，直到他們進入其中，**這或許是最明智之舉。但既然我們在來世的命運可能在很大的程度下視乎我們在此世曾如何履行我們的職務而定，因此我以**伏爾泰**在經過極多無用的學院爭論後，讓他誠實的**甘第德**說出的結論來結束本文：**讓我們追求我們的幸福，走進花園去工作吧**②！

---

②譯者註：見Voltaire, *Candide ou l'optimisme,* 第一章結尾。

附錄
康德論史威登堡二函

致夏洛蒂·封·克諾布洛赫小姐

1763年 8 月10日

譯者識：關於康德寫此函的年代，有種種說法，此處係以普魯士王室學術院的 *Kants Gesammelte Schriften* 爲準（其考證見第13冊第20、21頁）。夏洛蒂·封·克諾布洛赫小姐 (Charlotte von Knobloch) 生於1740年，死於1804年，於1764年嫁給克林斯伯仁 (Friedrich Wilhelm von Klingsborn)。

如果我不曾認為有必要先就這項題材蒐集更完整的消息， [43] 我便不會如此長久放棄榮耀和愉快，以提供所需要的報告來履行一位身為其同性底光彩的女士之命令。我正要談的故事底內容與那些必是司空見慣的故事（它們應當容許在魅力底籠罩下進入佳人底閨閣中）完全不同類。我確信：雖然這個故事底圖像一方面引起一種戰慄（這是由教育得到的舊印象之重現），但閱讀這個故事的聰穎女士仍不會感到失去因正確應用這個表象而能得到的愉快。否則，如果在讀完這個故事時，任何鄭重

的嚴肅在片刻消滅愉悅的心情（自足的純真理當以這種心情去看整個宇宙），我也得為此負責。小姐！請容許我為我在此問題中的處理方式辯護，因為或許似乎有一種常有的迷妄已促使我去尋求與此有關的故事，而且未經仔細的檢查就願意接受它們。

我不知道：是否有人曾經得以在我身上察覺到一種性好神奇之事的氣質或一種輕於相信的弱點之跡象？我確定：不論一切關於神靈世界底顯現和活動的故事（在這些故事中，我知道極多非常有可能性的故事），我卻始終認為最合乎健全理性底規則的作法是轉向否定的一方；並非好像我自認為已了解這類故事之不可能（因為我對一個神靈底本性知道得多麼少！），而是因為它們均未得到充分的證明。此外，就這類現象之不可理解及其無用而言，困難非常多；但在另一方面，被揭發的欺騙以及「易於受騙」有各式各樣，因此根本不願令自己為難的我，不認為讓自己因此而在墓場或黑暗中感到害怕，是明智之舉。這是長久以來我的心情所處的狀態，直到我知道史威登堡先生底故事為止。

這個消息我是由一位丹麥軍官那裡得來。他是我的朋友及從前的聽課者。他在哥本哈根於奧地利公使狄特里希斯坦（Dietrichstein）①底宴席上親眼同其他賓客讀了一封信。這封

---

①Karl Johann Baptist Walter Fürst von Dietrichstein-Proskau -Leslie, 1728-1808。他於七年戰爭期間以特使及全權大使底身分被派駐丹麥，而在胡伯圖斯堡和約（Hubertusburger Frieden）簽訂後，於1763年離開哥本哈根。

信是這位公使當時從呂佐夫男爵（Baron von Lützow）② 、梅克倫堡③ 駐斯德哥爾摩公使那裡收到的。在信中，呂佐夫男爵告訴他：他自己在荷蘭公使④ 底陪伴下，在瑞典女王⑤ 那裡親歷了史威登堡底離奇故事，而小姐您大概已知道這個故事。這樣一個消息之可信令我躊躇。因為我們很難相信：一個公使會寄給另一個公使一份公開使用的報告，而這份報告對於他所駐在的宮廷底女王有不實的報導；而且在此場合中，據稱他連同一個有聲望的團體確曾在場。現在，為了不盲目地以一種新的成見排斥對於幻象和幻境的成見，我認為進一步去探詢這個故事是明智之舉。我寫信到哥本哈根給上述的軍官，且託他作各種各樣的探詢。他答道：他為此再度與狄特里希斯坦伯爵談過，而實情就是如此；而且許雷格（Schlegel）教授⑥ 已向他保證此事之決無可疑。由於他當時正動身加入聖・傑曼（St. Germain）將軍⑦ 麾下的軍隊，他勸我親自寫信給史威登堡，以便得知此事之更詳細的情況。因此，我便寫信給這位奇人，而信是由一

---

②Johann Joachim Freiherr von Lützow, 1728-1792。他當時為梅克倫堡駐哥本哈根的公使。1761年5月底，他被派往斯德哥爾摩，以談判有關撤除梅克倫堡底瑞典駐軍事宜。

③Mecklenburg, 德意志舊邦，位於今東德臨波羅的海一帶。

④指Frans Doublet van Groenevelt。

⑤指Luise Ulrike（1720-1782），為普魯士腓特烈大帝之妹。

⑥指Johann Heinrich Schlegel（1726-1780），史學家，1760年成為哥本哈根大學哲學教授。

⑦指Claude Louis Comte de St. Germain（1707-1778），當時為陸軍元帥，統率丹麥軍隊。

45 位在斯德哥爾摩的英國商人轉交給他。有人告訴我說：史威登
堡先生欣然接受了此信，並且答應作覆。然而，我未得到答覆。
在這個當兒，我結識了一位高雅的人，是個英國人。去年夏天，
他待在此地。基於我們共同建立起的友誼，我拜託他趁他的斯
德哥爾摩之行，蒐集關於史威登堡先生底神奇稟賦的更詳細的
消息。他的第一個報告表示：根據斯德哥爾摩最有名望的人底
說法，上述的故事實際上正如同我過去告訴您的情形一樣。當
時他尚未與史威登堡先生談過，但期望與他談談——儘管我的
朋友很難相信：該城最有理性的人對於史威登堡與無形的靈界
底秘密交通所作的一切敘述會是真確的。但是他接下去的信中
所說的卻完全不同了。他不但已同史威登堡先生談過，而且也
到他家拜訪過他，同時對於這整個如此奇特的事情極度驚訝。
史威登堡是一個有理性、討人喜歡且坦誠的人。他是一位學者；
而且我一再提到的朋友答應即刻寄給我史威登堡底若干著作。
史威登堡毫無保留地告訴我的朋友說：上帝已賦予他異常的稟
性，可隨意與死去的靈魂交通。他訴諸極著名的證據。當他經
提醒而想到我的信時，他回答道：他的確收到了這封信，而且
若非他已決心將這整個不尋常的事情公諸全世界底眼前，他早
已答覆了這封信。他將在今年五月赴倫敦，在那裡出版他的書；
在這本書中，他也會逐項答覆我的信。

　　為了提供小姐您若干證據（其證人是全體仍活著的群眾，
而且告訴我其事的人得以直接在現場調查之），請您只聽取以
下兩個事件。

哈特維爾夫人⑧是駐在斯德哥爾摩的荷蘭公使之遺孀。其夫去世後一段時間，金匠克隆（Croon）催她償付其夫在他那裡 46 訂製的銀餐具。這位寡婦雖然相信：其亡夫極為細心而且有條理，而不致尚未支付這筆帳；但她無法出示收據。在這種憂慮中，由於其值可觀，她便請史威登堡到她那裡。在幾度致歉後，她向他說明道：如果他像所有人所說的一樣，擁有與死去靈魂交談的非凡稟賦，他或許願意向她的丈夫探詢事關這副銀餐具的債款究竟如何。史威登堡毫無困難地答應她這項請求。三天之後，這位女士在自己家裡邀宴喝咖啡。史威登堡先生來了，並且冷靜地向她報告：他與她的丈夫談過了。這筆債已在他死前七個月償還了，而且收據是在樓上房間底一個櫃子裡。這位女士答道：這個櫃子已經完全騰清，而且在所有文件中無人發現這張收據。史威登堡說，她丈夫向他描述道：如果他們拉開左側的一個抽屜，便會出現一塊板子；移開這塊板子後，就會有一個隱祕的抽屜，在那裡收藏著其機密的荷蘭文信函，也可見到這張收據。依照這項指示，這位女士在全體賓客底陪伴下前往樓上的房間。他們打開這個櫃子，完全照以上的描述去做，並且在裡面發現她從不知道的抽屜及被告知的文件，而引起在場的所有人之極大驚訝。

但是，對我而言，以下的事件在所有事件中似乎具有最大

---

⑧"Harteville"為"Marteville"之誤，見《通靈者之夢》第二部第一章。這是指Ludwig von Marteville之夫人。他於1760年4月25日在斯德哥爾摩去世。

的證明力，並且實際上使一切想得到的懷疑均失去藉口。這是
在1756年之際，史威登堡在9月底於星期六下午四點左右從英國而
來，在哥騰堡（Gothenburg）登陸。威廉・卡斯特（William Castel）
先生邀請他以及十五位賓客到他家。晚上六點左右，史威登堡
47 先生走出去，然後臉色蒼白且驚惶地回到賓客室。他說：此刻
在斯德哥爾摩底居德馬爾姆（Südermalm）正有一場危險的火
災（哥騰堡距斯德哥爾摩超過五十哩），而且火勢蔓延極廣。
他焦躁不安，且不時走出去。他說：他一位朋友（他說出其名）
底住宅化為灰燼，而他自己的住宅則在危險之中。八點左右，
在他再度走出去之後，他高興地說：謝天謝地！火熄滅了，在
我的住宅底第三家隔鄰！——這個消息使全城（特別是在場的
賓客）大為騷動，而且當晚有人還把這個消息報告省長。星期
日早上，省長召見史威登堡。省長向他垂詢此事。史威登堡詳
細描述火災如何開始、如何停止、以及其延燒時間。當天，這
個消息傳遍全城。現在由於省長留意此事，這引起一股更大的
騷動，因為許多人擔心他們的朋友或財產。星期一晚上，一個
快使抵達哥騰堡；他是在火災之際由斯德哥爾摩底商團派出的。
在信函中對火災所作的描述一如史威登堡所敘述的情形。星期
二早上，一個王室信使到達省長那裡，帶著關於這場火災、它
所造成的損失及它所波及的房舍的消息。這與史威登堡當時所
提供的消息絲毫不差，因為火災是在八點左右被撲滅。

我們能舉出什麼理由來反駁這個事件底可靠性呢？寫信告
訴我此事的朋友不僅在斯德哥爾摩調查了這一切，在大約兩個
月之前還親自在哥騰堡調查。在哥騰堡，他與有名望的門第非

常熟識，且能從全城的人得到完整的消息（在此城中，距1756
年不久之際，大多數目擊者仍然活著）。他同時給我若干報告，
說明依史威登堡先生底說法他與其他神靈間的交通如何進行，
也說明他對於死去靈魂底狀態所提供的觀念。這項描繪是奇特
的，但是我沒有時間對此作若干敘述。我何等希望能夠親自詢
問這位奇人，因為我的朋友並不很懂得方法，來找出在這樣一 48
個問題中最能顯示真相的事物。我熱切地期待史威登堡將在倫
敦出版的書。我已作了一切準備：一旦此書離開印刷機，我便
立刻取得它。

　　為滿足您高貴的求知慾，我目前所能報告的就這麼多。小
姐！我不知道您是否期望知道我對此無稽之事膽敢作的判斷。
比我所稟受的微小才能大得多的才能，對此事能夠肯定極少可
靠的知識。然而，不論我的判斷有何意義，您的命令將使我有
義務以書信告知您我的判斷——只要您仍然長留於鄉間，而我
又無法以口頭說明此事。我怕已濫用了寫信給您的恩准，因為
事實上我已用一枝草率而笨拙的筆耽擱您太久了。

　　　　　　　　伊曼努埃‧康德　頓首再拜

二致摩賽斯‧孟德爾頌

1766年4月8日

譯者識：摩賽斯‧孟德爾頌(Moses Mendelssohn)生於1729年，死於1786年，為當時著名的啟蒙哲學家，與康德時有書信往返，討論哲學問題。

某某足下：

承蒙您應我最誠摯的請求，為我轉交若干寄去的著作、所[69]慨然承擔的辛勞①，謹致最誠摯的感謝，而且我樂於為您作任何效勞，以為回報。

您對這篇小論文底口氣所表示的詫異②，在我看來，證明

---

① 從康德於同年2月7日寫給孟德爾頌的信中可知：他當時寄給孟德爾頌若干份《通靈者之夢》，除送給他一份外，並請他將其餘各份轉交給他人：見Kants Gesammelte Schriften,Bd. 10, Brief 38, S. 68。

② 孟德爾頌在評論此文時說：「用以撰寫這本小書的玩笑式的隱微涵義有時使讀者懷疑：康德先生是否要使形上學顯得可笑或使通靈顯得可信？」(*Allgemeine deutsche Bibliothek*,Ⅳ, 2 St., 1767,S. 281.)

了您對我的真誠性格所形成的良好評價；而甚至您因看到我的性格在此僅僅曖昧地表現出來而有的憤懣，對我而言，也是可貴而愜意的。事實上，您也決不會有理由改變對於我的這種評價。因為不論有什麼過失是最堅定的決心所無法完全避免的，在我已用一生中最大部分的時間來學習免除且鄙棄大多數經常腐化性格之物後，我決不會流於反覆無常且專重表面的性情。因此，喪失由一種真誠心地底意識所產生的自我肯定，將是我所能遭逢（但必定決不會遭逢）的最大不幸。我固然以極明確的信念，且帶著高度的滿足去思考許多我決不會有勇氣說出的東西；但我決不會說我未思考的東西。

我不知道：您在讀完這篇以極其零亂的方式寫成的論文時，是否已留意到我在寫它時的不快之若干徵兆。因為既然我曾由有機會親自認識史威登堡的人那裡，也藉著若干通信，最後且藉著取得其著作好奇地探詢其幻象，因而造成了極大的轟動，則我極明白：直到我解決他人猜想我對這一切逸聞所具有的認識為止，我將不會從不斷的詢問中得到寧靜。

70　　事實上，我很難想出方法來表達我的思想，而不致受到訕笑。因此，對我而言，最明智的作法似乎是搶在他人之前，先嘲笑自己。在這件事情上，我的作法也極誠實，因為實際上我的內心狀態在此事上是矛盾的。就這個故事而言，我忍不住對這類故事懷有一種小小的親切感；而就理性根據而言，我也忍不住對這個故事底正確性懷有幾分揣測——不管使這個故事失去價值的荒謬性以及使其理性根據失去價值的幻影和不可理解的概念。

　　至於我對一般而言的形上學底價值所表示的看法，或許偶爾用語底選擇不夠謹慎而斟酌。但我決不掩飾：我帶著反感、甚至多少嫌惡來看待全部卷冊（它們充斥著當前流行的這種見解）中的自誇的狂妄，因為我完全相信：人們所選擇的途徑是極端錯誤的，流行的方法必然無限地滋長妄想和錯誤，而且甚至完全根除這一切想像的見解，並不會像這門夢想的學問連同其要命的多產性如此有害。

　　我決非認為形上學本身客觀地來考量，是無關緊要或者多餘的。因此，特別是不久以來，在我自信已了解其本性及其在人類知識中的獨特地位之後，我相信：甚至人類之真正而持續的福祉繫於形上學——除了您以外，其他每個人都會覺得這項頌揚是離譜而大膽的。在這門學問中開創一個新紀元，完全重新設定路線，並且練達地為這門迄今仍純憑運氣建立的學科描繪藍圖，這工作非像閣下這樣的天才莫屬。至於以此方式公開出售的知識庫存，由於長期探討底結果、而非由於輕率的反覆無常，我認為在這方面最明智之舉其過於剝去其獨斷的外衣，且懷疑地看待自以為是的見解。當然，這項用處只是消極的（擺脫愚昧）③，但卻為積極的用處作準備。因為一種健全卻未經教導的知性之單純，為了得到見解，只需要一項工具（organon）

---

　　③"stultitia caruisse"語出羅馬詩人荷拉修斯底《書簡集》（I, 1, 41f.）：" Virtus est vitium fugere et sapientia prima stultitia caruisse. "（德行與智慧始於逃避罪惡與擺脫愚昧。）

④ ；而一個敗壞的頭腦之虛假見解首先需要一項淨化劑（catarc-ticon）。如果容許我多少提及我自己在這方面的努力的話，我相信：從我上一次提出這類成果以來，我已在這門學科中得到重要的見解；這些見解確定這門學科底程序，並且不止是為了一般的期望，而是在應用時可當作真正的標準來使用。在我餘暇的消遣所容許的範圍內，我逐漸準備將這些嘗試交由公眾裁斷，但特別由您來裁斷；因為我可以自誇說：如果您樂意使您在這方面的努力與我的努力相協調（以此我也意指對我的努力底錯誤的評論），我們便能得到對學術底成長有重要性的某種成果。

令我感到不小的滿足的是獲悉：我這粗略的小小嘗試將有幸引出您對此問題的徹底考察⑤；而且如果我的嘗試能促使他人作更深入的探討，我便認為它是極有用的嘗試。我確信：您不會錯失這一切考慮所牽連到的要點；而且如果我未曾讓這篇論文逐頁印出來，我會將這項要點說明得更清楚，因為我無法始終預知：為了使下文更可理解，我得先寫什麼？以及，那些解說以後必須被刪除（因為它們將會置於一個不當的位置上）

---

④康德在1800年出版的《邏輯學》講義中解釋道：「所謂『一項工具』，我們意指一項指示，它說明某種知識應當如何產生。」（*Kants Gesammelte Schriften*, Bd. 9, S. 13）。

⑤這當是指孟德爾頌於次年（1767年）出版的《費東，亦名論靈魂之不死》（*Phaedon oder über die Unsterblichkeit der Seele*）。特別是在該書底第二篇對話中，孟德爾頌證明：物質無法思考。

⑥　？依我的看法，最重要之事在於為下面的問題尋求材料：**心靈如何存在於此世中（不僅在物質性存有者中，也在其他同類的存有者中）**？因此，我們應當在這樣一個實體中發現外在作用底力量和承受外來力量的受納性，而這個實體與人類軀體底統合只是這種關係底一個特例而已。如今，在此並無經驗幫助我們，使我們能在不同的關係中認識這樣一個主體（唯有這些關係適於揭示其外在的力量或能力）；而且它與軀體底調和僅僅揭露心靈底**內在**狀態（思想與意欲）對我們軀體底物質之**外在**狀態的另一種關係（亦即不是一個**外在**活動對一個**外在**活動的關係），因而完全不適於解決這個問題。因此，我們問道：我們是否根本有可能藉著先天的理性判斷，來確定精神性實體底這些力量呢？這項探討歸於另一項探討，即是：我們能否藉著理性推論來發現一種原始的力量，亦即原因對結果的最初的基本關係？而既然我確知這是不可能的，則如果我未在經驗中得悉這些力量，它們便只能被虛構。但這種虛構（啟發性構作、假設）底可能性連一項證明也決不會有，而且其可思議性（這種虛構之彷彿真實是由於其不可能性也無法被證實）只是一種假象，就如縱使有人駁斥史威登堡底幻想之可能性，我也敢為之辯護。而我將精神性存有者底實際的道德感應與普遍的重力

72

---

⑥康德在撰寫此書時，因準備赴高爾達（Goldap），故此書底最後部分係以急就章的方式寫完，隨寫隨改，並且逐頁送去印刷，致使出版此書的書商因來不及送審而受到罰款的處分。請參閱*Kants Gesammelte Schriften*, Bd.2, S. 501。

相類比的這項嘗試，根本不是我的真正看法，而是一個例子，用來顯示：在缺乏材料時，我們能在哲學性虛構中無所阻礙地前進多遠，以及，在這樣一項課題中，我們是何等必要去確定：此問題之解決需要什麼？再者，為解決此問題所必需的材料是否欠缺？但如果我們暫且撇開訴諸正直或上帝底目的的證明，而追問：由我們的經驗是否可能會有這樣一種關於心靈底本性的知識，這種知識足以使人認識心靈在宇宙中的存在方式（不但關聯於物質，也關聯於其同類的存有者），則可知：**誕生**（依形上學的意義）、**生命**與**死亡**是否能為我們能藉理性去理解的事物？目前的要務是去確定：在此是否實際上有界限存在，這些界限並非由我們的理性底限制，亦非由包含理性底材料的經驗之限制來規定？然而，我就此打住，並且感謝您的友誼。同時請向蘇爾澤（Sultzer）教授先生表達我特別的敬意以及有幸得到其手澤的期望。

73

伊曼努埃・康德　頓首再拜

1766年4月8日於科尼希貝爾格

譯後記

　　譯者於民國77年在臺灣大學哲學研究所主持「早期康德哲學討論」底課程，選用康德底《通靈者之夢》一書為教材。譯者在準備教材時，隨手翻譯此書，學期結束時譯稿已完成。後來譯者又譯出康德底信函中與此書有關的兩函（1763年8月10日〈致克諾布洛赫小姐函〉及1766年4月8日〈致孟德爾頌函〉）。譯文均依據普魯士王室學術院所編的《康德全集》（*Kants Gesammelte Schriften*）譯出；《通靈者之夢》見於第2冊第315至373頁，〈致克諾布洛赫小姐函〉見於第10冊第43至48頁，〈致孟德爾頌函〉則見於第10冊第69至73頁。《通靈者之夢》原有康德底附註。為幫助讀者底理解，譯者另外又加上一些註釋，其中頗多取材於上述版本《康德全集》中Paul Menzer底註釋以及Karl Vorländer所編「哲學叢書」（Philosophische Bibliothek）版《康德全書》（*Kants Sämtliche Werke*）中的註釋；為免累贅，不一一註明出處。

　　本譯文曾在《鵝湖月刊》第159至163期（民國77年9月至78年1月）連載，目前的譯文已經過修改和潤飾。為幫助讀者了解

《通靈者之夢》在整個康德哲學底發展中的意義與地位，譯者特地撰寫〈康德的《通靈者之夢》在其早期哲學發展中的意義與地位〉一文，刊載於民國78年出版的《華岡文科學報》第17期；今將該文置於譯文前面，當作導論。

《通靈者之夢》在1900年已有Emanuel F. Goerwitz底英譯本，在1935年已有長島喜三底日譯本。據譯者所知，本譯本是第一個中文譯本；由此可見，我們在吸收西方文化的工作方面落後同為亞洲國家的日本有多遠！

康德此書寫於十八世紀，而十八世紀正是所謂「啟蒙底時代」。康德在此書中試圖為知識、信仰和迷信三者畫定界限，一方面批評世俗的迷信，另一方面又反對啟蒙哲學家過分狹隘的理性觀。故此書一方面可視為啟蒙運動底產物，另一方面也超越了啟蒙運動。今年適逢五四運動七十周年，臺海兩岸底知識界均有紀念活動。但我們在紀念五四運動的同時，必須了解：五四新文化運動底局限正是十八世紀歐洲啟蒙運動底局限，即在於狹隘的理性觀。德國哲學家卡西勒（Ernst Cassirer）在其名著《啟蒙運動底哲學》（ *Die Philosophie der Aufklärung* ）中便一針見血地指出：這種理性觀底危險在於將一切平面化，從而取消精神內涵底多樣性及價值底高低之別。我們可補充道：其進一步的危險在於引發迷信；因為當人類底精神無法依其自身的法則表現時，迷信便成了反動底形式。因此，狹隘的唯智論（intellectualism）與迷信是孿生兄弟。回頭看看今天在臺灣流行於民間的迷信（如乩童、風水、算命、明牌）與流行於知識界的各種形式與包裝的唯智論、以及這兩種現象在民間與知

識界的相互滲透，我們不得不承認：康德在此書中所面對的問題對於兩百多年後的我們而言，並未完全失去意義。這也是筆者翻譯此書的動機之一。

譯者在翻譯過程中曾蒙德國友人呂福克（Volker Klöpsch）先生之協助，特此表示謝忱。譯事甚難，哲學名著之翻譯尤難。譯者希望此一譯本能達到學術翻譯所要求的嚴謹程度，但不敢自許譯文決無問題；唯盼博雅君子不吝指正。

李 明 輝
中華民國78年 8 月於臺北

人名索引

概念索引

聯經經典

通靈者之夢

1989年11月初版　　　　　　　　　　　　定價：新臺幣180元
2014年1月初版第三刷
2020年3月二版
有著作權・翻印必究
Printed in Taiwan.

著　　　者	Immanuel Kant	
譯　　　者	李　　明　　輝	

出　版　者	聯經出版事業股份有限公司	副總編輯	陳　逸　華
地　　　址	新北市汐止區大同路一段369號1樓	總 經 理	陳　芝　宇
編輯部地址	新北市汐止區大同路一段369號1樓	社　　長	羅　國　俊
台北聯經書房	台北市新生南路三段94號	發 行 人	林　載　爵
電　　話	(0 2) 2 3 6 2 0 3 0 8		
台中分公司	台中市北區崇德路一段198號		
暨門市電話	(0 4) 2 2 3 1 2 0 2 3		
郵政劃撥帳戶第0100559　3號			
郵 撥 電 話	(0 2) 2 3 6 2 0 3 0 8		
印　刷　者	世和印製企業有限公司		
總　經　銷	聯合發行股份有限公司		
發　行　所	新北市新店區寶橋路235巷6弄6號2F		
電　　話	(0 2) 2 9 1 7 8 0 2 2		

行政院新聞局出版事業登記證局版臺業字第0130號

本書如有缺頁，破損，倒裝請寄回台北聯經書房更換。　ISBN　978-957-08-5494-7 (平裝)
聯經網址 http://www.linkingbooks.com.tw
電子信箱 e-mail:linking@udngroup.com

國家圖書館出版品預行編目資料

通靈者之夢 / 康德(Immanuel Kant)著 . 李明輝譯 .
二版 . 新北市 . 聯經 . 2020.03
102面 . 14.8×21公分 . （聯經經典） . 含索引
譯自：Traume eines Geistersehers, erlautert durch Traume
der Metaphysik
ISBN　978-957-08-5494-7（平裝）
［2020年3月二版］.

1.康德（Kant, Immanuel, 1724-1804）2.學術思想 3.哲學
4.通靈術

147.45　　　　　　　　　　　　　　　109002397